高等工程教育研究丛书

创业教育生态系统构建

——21世纪大学创新创业之路

Construction of Entrepreneurship Education Ecosystem:
Innovation Entrepreneurship Pathway for University
in the 21st Century

徐立辉　王孙禺　著

中国教育出版传媒集团
高等教育出版社·北京

内容简介

创业教育研究目前还是一个比较新的研究领域。本书从生态学的视角研究创业教育，将创业教育看作一个涉及高等教育领域、创新创业领域和国际化领域的综合性课题。本研究以高校创业教育为主题，采用以质性研究为主，结合跨学科、宽视角和多案例的综合性研究方法，在分析世界一流大学创业教育的基本特征、关键要素及其之间相互作用的基础上，建构出一个全新的创业教育理论框架——国际创业教育生态系统（IEEE）模型。

图书在版编目（CIP）数据

创业教育生态系统构建：21世纪大学创新创业之路/徐立辉，王孙禹著. --北京：高等教育出版社，2022.9
（高等工程教育研究丛书/姜嘉乐，王孙禹主编）
ISBN 978-7-04-058188-1

Ⅰ. ①创… Ⅱ. ①徐…②王… Ⅲ. ①高等学校-创业-教育研究-中国 Ⅳ. ①G647.38

中国版本图书馆CIP数据核字（2022）第027314号

Chuangye Jiaoyu Shengtai Xitong Goujian

策划编辑	时　阳	责任编辑	欧阳舟	封面设计	姜　磊	版式设计	杜微言
责任绘图	黄云燕	责任校对	马鑫蕊	责任印制	赵义民		

出版发行	高等教育出版社	网　址	http://www.hep.edu.cn
社　址	北京市西城区德外大街4号		http://www.hep.com.cn
邮政编码	100120	网上订购	http://www.hepmall.com.cn
印　刷	北京中科印刷有限公司		http://www.hepmall.com
开　本	787mm×1092mm　1/16		http://www.hepmall.cn
印　张	12		
字　数	160千字	版　次	2022年9月第1版
购书热线	010-58581118	印　次	2022年9月第1次印刷
咨询电话	400-810-0598	定　价	37.50元

本书如有缺页、倒页、脱页等质量问题，请到所购图书销售部门联系调换

版权所有　侵权必究

物　料　号　58188-00

本研究为国家自然科学基金项目《中国工程教育2035：战略走向与政策选择》(71750003) 和中国工程院重点咨询研究项目《中国工程教育国际竞争力研究》(2019-XZ-38) 课题的部分成果。

高等工程教育研究丛书编委会

主　编　姜嘉乐　王孙禺
编　委　别敦荣　周光礼　陆国栋　林　健　李　正
　　　　陆根书　齐晶瑶　吴静怡　雷　庆　许晓东

总　　序

近现代意义上的中国工程教育始于晚清洋务运动，迄今已走过了140多年的历程。百余年来，历经萌芽、发展、初具规模、历史性跨越，今天，我国已成为世界上工程教育规模最大的国家。

新中国成立后的前17年，尽管照搬苏联模式给我国高等教育带来不少问题，但高等工程教育仍取得了不俗的成绩，基本上满足了发展我国社会主义经济、特别是建设独立自主的工业体系对高级工程人才的需要。

改革开放以来，我国的高等工程教育厉行改革，阔步发展，成就卓著，形成了层次丰富、形式多样、学科门类齐全的工程教育体系，培养了大批优秀的工程科技人才，为我国工业、农业、科技、国防现代化作出了举世瞩目的卓越贡献。在我国高等教育事业中，工程教育规模巨大、目标远大、任务重大，是国家创新体系的主要智力资源。

近些年来，西方发达国家不约而同地将工程人才培养作为重塑竞争优势的战略选择，通过回归实体经济，大力发展先进制造业，创造新的经济增长点和新的就业机会，来摆脱经济长期停滞不前的危机，并为此而全面改革其工程教育体系。这些战略的提出和实施，对我国的工业化，甚至对我国经济走向全球市场、获得长远发展构成了严峻的挑战。为此，我们必须制定战略、采取措施、积极应对，而工程教育在这一进程中的关键作用不容低估。

总序

耐人寻味的是：一方面，无论就其规模还是能量，工程教育都是我国高等教育中毫无争议的"专业大户"，在培养大批创新人才、应对上述全球挑战的时代话剧中扮演着真正的主角；另一方面，诚所谓"桃李不言，下自成蹊"，工程教育界似乎很少大张旗鼓地谈论教育理论，致使人们误以为工程教育对现代高等教育研究的贡献不大。然而，实际情况绝非如此。为了贯彻落实国家的科技战略、人才战略和教育发展战略，在教育部和中国工程院的推动下，我国高校不仅在工程教育中率先进行了一系列意义重大的教育和教学改革实践，而且相当一批学者专家积极参与了相关的专题研究，其中既有非常前沿的理论研究，也有包括政策研究和案例研究在内的大量实证研究。这些研究深刻地总结了国内外工程教育改革发展的实践经验，为我国工程教育的战略决策和长远发展提供了先进的理论指导，同时，也提升了我国高等教育研究的理论水平，极大地丰富了我国高等教育研究的知识宝库。

中国工程教育研究始终意识到它的实践背景，以国际视野观察工程的未来，以国家理想探索人才的成长，把历史创痛视为前进的动力，把真实问题作为研究的导向。这是工程教育研究的最大特色，也是它对高等教育研究在方法论上的最大贡献。

总之，系统地搜集、整理、精选、出版中国高等工程教育研究成果，特别是改革开放三十年来工程教育研究成果的时机已经成熟。我们决定编辑出版这套丛书，把我国工程教育研究中的精髓以系列书籍的形式奉献给广大读者，这不仅是为了检阅我国高等工程教育研究的成就，更是为了通过国际比较、历史回顾、政策分析、案例研究、理论探讨来引领我国工程教育未来的改革发展。

感谢中国工程院教育委员会、教育部高等教育司、高等教育出版社对这项工作的大力支持。

姜嘉乐　王孙禺
2014 年 10 月 12 日

前　言

当前，世界各国都将科技创新作为国家经济增长的核心驱动力，创新创业型经济发展浪潮正席卷全球。创新创业概念的外延正在拓展，它不但是影响社会经济增长的因素，也成为高等教育发展的重要内容。"创业是可以教的"这一观念已成为21世纪大学创新教育的重要组成部分，同时，也正在对转型期的中国高等教育发展产生深远影响。

然而，目前创业教育研究普遍都将重点放在了创业知识的传授和商务技能的训练上，忽略了创新创业更为本质的特征，以及创业教育所具有的复杂性和系统性。我们不能仅仅将创业教育简单理解成知识和技能的教与学，更重要的是在整个教育过程中建构一种有利于创新创业人才培养与成长的生态系统，一种具有可持续发展的创业教育生态系统。

本研究从生态学的视角研究创业教育，将创业教育看作一个涉及教育领域、创业领域和国际化领域的综合性课题，以跨学科、宽视角和多案例方式对其进行研究。本研究以高校创业教育为主题，采用以质性研究为主的综合性研究方法对创业生态系统问题进行分析。在梳理世界一流大学创业教育生态系统的基本特征、关键要素及其相互作用的基础上，建构出一个全新的创业教育生态系统框架。

本研究基于扎根理论，建构了一种全新的嵌入式双轮驱动型国际创业教育生态系统——IEEE 模型（International Entrepreneurship Education

Ecosystem 模型）。该模型包含"六大要素"：①理念之光：具备核心领导力的发展战略；②合作之渠：架接产业桥梁的基础设施建设；③启航之翼：让创业插上资本的翅膀；④创新之壤：保护知识产权的专利许可；⑤学术之根：创业教育的学术基础；⑥创业之魂：容忍失败的多元创业文化。

在创新创业实践方面，北美高校的创新创业教育走在了世界的前列。本研究选取最具代表性的四所美国大学（斯坦福大学、麻省理工学院、加州大学伯克利分校、普林斯顿大学）和四所加拿大大学（多伦多大学、麦克马斯特大学、滑铁卢大学、瑞尔森大学）作为研究对象，采用国际创业教育生态系统 IEEE 模型对上述典型案例院校进行精细分析，深入揭示了案例院校的发展特色、模式特征和借鉴价值。虽然各个案例院校的创业教育发展路径不尽相同，但其基本上都具备国际创业教育生态系统 IEEE 模型的六大要素，又因要素间的相互作用关系不同，从而形成了各具特色的创业教育模式。

本书提出的国际创业教育生态系统 IEEE 模型，契合了当下与中国高校创新创业教育最有关联的方面，可为高校制定创业教育战略规划和决策提供参考和指导。本书也可供创新创业领域的研究者、创业实践者及风险投资者参考。

Preface

At present, all countries in the world regard scientific and technological innovation as the core driving force of national economic growth, and the wave of innovative and entrepreneurial economic development is sweeping the world. The extension of the concept of innovation and entrepreneurship is expanding. It is a factor affecting social and economic growth and an essential part of the development of higher education. The concept of "entrepreneurship can be taught" has become an important part of university innovation education in the 21st century. At the same time, it is exerting a profound influence on the development of higher education in China during the transition period.

However, the current research on entrepreneurship education generally focuses on the teaching of entrepreneurship knowledge and the training of business skills, ignoring the more essential characteristics of innovation and entrepreneurship, and the complexity and systematization of entrepreneurship education. Therefore, we cannot simply understand entrepreneurship education as teaching and learning of knowledge and skills. More importantly, we should build an ecosystem conducive to the cultivation and growth of innovative and entrepreneurial talents in the whole process of education, and

Preface

an ecosystem of entrepreneurship education with sustainable development.

This study aims at entrepreneurship education from the perspective of ecology, regarding entrepreneurship education as a comprehensive subject of education, entrepreneurship and internationalization, which studies with an interdisciplinary, wide perspective and multiple cases. This study takes entrepreneurship education in colleges and universities as the theme and adopts a comprehensive research method based on qualitative research to analyze the problems of the entrepreneurship ecosystem. On the basis of summarizing the basic characteristics, key elements and interaction of the entrepreneurship education ecosystem in world-class universities, a new framework of entrepreneurship education ecosystem is constructed.

Based on Grounded Theory, this study constructs a new embedded dual-wheel drive International Entrepreneurship Education Ecosystem model (IEEE model). The model contains "six elements": 1) Flash of idea: development strategy requires core leadership; 2) Cooperation channel: infrastructure construction bridge the gaps between the industries; 3) Wing of the sail: let entrepreneurship on sail the wings of capital; 4) Land of innovation: patent licensing to protect intellectual property rights; 5) The base of academic: the academic foundation of entrepreneurship education; 6) The spirit of entrepreneurship: a diverse entrepreneurial culture that tolerates failure.

In terms of practice in innovation and entrepreneurship, innovation and entrepreneurship education in North American universities takes the lead in the world. This study explores four of the most representative American universities (Stanford University, Massachusetts Institute of Technology, University of California, Berkeley, and Princeton University) and four Canadian universities (University of Toronto, McMaster University, University of Waterloo, and Ryerson University) as the research subjects. The "IEEE model" of international entrepreneurship education ecosystem is used to make a detailed analysis of the above typical cases, such as the characteristics of development, characteristics of mode and value of reference of the selected colleges and universities are deeply revealed. Although the development approaches of entrepreneurship education in each selected college or university are different, they basically contain six elements of the "IEEE model" of international entrepreneurship education ecosystem, and have formed their own distinctive entrepreneurship education models due to different interactions among the elements.

The "IEEE model" of international entrepreneurship education ecosystem proposed in this book fits the most relevant aspects of innovation and entrepreneurship education in Chinese universities, and can provide reference and guidance for universities to make strategic planning and decision-making of entrepreneurship education. The book is also a reference for researchers, practitioners and investors of venture capital in the field of innovation and entrepreneurship.

目 录

第一章 导论 ·· 1
  一、创业推动经济发展 ·· 2
  二、创业驱动就业增长 ·· 4
  三、创业是可以教授的 ·· 5
  本章总结 ··· 8

第二章 当谈论创业时我们在考虑什么 ································ 10
  一、从教育生态到创业生态 ·· 11
  二、什么是创业教育生态系统 ····································· 23
  三、研究设计与数据分析 ··· 30
  本章总结 ··· 41

第三章 创业教育生态系统动力机制分析 ····························· 43
  一、宏观动力机制分析 ·· 44
  二、微观动力机制分析 ·· 51
  本章总结 ··· 64

第四章 创业教育生态系统要素构成分析 ····························· 66
  一、创业教育生态系统的"六维八柱" ·························· 67

二、创业生态系统的特征分析 …………………………………… 68

三、创业教育生态系统评价的构成要素 ………………………… 72

四、创业生态系统评价工具的构成要素 ………………………… 82

五、创业生态系统特征要素汇总分析 …………………………… 87

本章总结 …………………………………………………………… 89

第五章 国际创业教育生态系统模型建构 …………………………… 90

一、"IEEE"模型的建构原则 …………………………………… 91

二、"IEEE"模型的理论基础 …………………………………… 93

三、"IEEE"模型的框架结构 …………………………………… 94

四、"IEEE"模型的要素分析 …………………………………… 96

五、"IEEE"模型的基本特性 …………………………………… 114

本章总结 …………………………………………………………… 115

第六章 基于国际创业教育生态系统模型的案例分析 ……………… 116

一、斯坦福大学——影响全球的硅谷战略 ……………………… 118

二、麻省理工学院——产业联络合作之典范 …………………… 122

三、加州大学伯克利分校——深厚的学术根基 ………………… 131

四、普林斯顿大学——"工科＋文科"的跨学科创业教育模式 …………………………………………………………………… 133

五、多伦多大学——"实体中心＋大楼＋课程"的双创教育 …………………………………………………………………… 137

六、滑铁卢大学——E Co-op 创业教育的新模式 ……………… 139

七、麦克马斯特大学——基于 PBL 的创业教育 ………………… 144

八、瑞尔森大学——城市大学的多元创业文化 ………………… 149

九、加拿大高校创业教育生态系统总结 ………………………… 154

本章总结 …………………………………………………………… 156

第七章　总结 ·· 158

　　一、研究结论 ·· 159

　　二、创新视角 ·· 161

　　三、研究展望 ·· 162

附录 A　《普林斯顿评论》2020 年度美国高校创业教育排行榜 ········ 164

附录 B　《普林斯顿评论》2015 年度美国高校创业教育排行榜 ········ 166

后记 ··· 169

参考文献 ··· 171

第一章
导　论

创业的奥秘是什么？它不是魔术，也并不神秘。它与基因无关，它是一门学科。而且，像任何一门学科一样，它是可以学会的。

——彼得·德鲁克[①]

The entrepreneurial mystique? It's not magic, it's not mysterious, and it has nothing to do with the genes. It's a discipline. And, like any discipline, it can be learned.

——Peter F. Drucker

---

① 彼得·德鲁克（Peter F. Drucker, 1909—2005），现代管理学之父。

一、创业推动经济发展

1. 创新创业推动世界经济发展

从知识经济（Knowledge-based Economy）到创业型经济（Entrepreneurial Economy），以创新创业为主要催化剂的新一轮经济发展浪潮正席卷全球。

哈佛大学商学院（Harvard Business School）教授迈克尔·波特（Michael Porter）（2013）表示，美国迫切需要一个清晰的经济战略，而这在很大程度上取决于在创新创业和高等教育上的优势。麻省理工学院斯隆管理学院（MIT Sloan School of Management）教授爱德华·罗伯茨（Edward Roberts）、菲奥纳·默里（Fiona Murray）和博士生丹尼尔·金（Daniel Kim）于2015年12月共同发布的《MIT创业创新：持续的全球增长和影响》研究报告显示，截至2014年，麻省理工学院校友创立的公司至今活跃的有30 200个，提供了大约460万个工作岗位。更为显著的是，所有校友公司加在一起的年营收总额大约为1.9万亿美元。若将年营收总额换算为GDP，根据国际货币基金组织（International Monetary Fund, IMF）2013年数据显示，麻省理工学院校友创办的公司将会位于世界第九大经济体的俄罗斯（2.097万亿美元）和第十大经济体的印度（1.877万亿美元）之间。斯坦福大学（Stanford University）管理科学与工程系助理教授查尔斯·伊斯利（Charles Eesley）和公共与私营管理系名誉教授威廉·米勒（William Miller）于2012年10月发布的《影响：斯坦福大学创新创业的经济影响》研究报告显示，起源于斯坦福大学的39 900家活跃的校友企业创造了大约540万个就业岗位，年营收总额约达2.7万亿美元。

由此可见，高等教育领域的创新创业对创业型经济发展起到了积极的推动作用。中国自 2010 年起在经济总量上已经成为世界第二大经济体，但在一些前沿科技发展方面还面临重大科技瓶颈，一些关键科技领域的核心技术还受制于人，科技创新能力与欧美发达国家相比还存在差距。要想立足于世界科技强国之林，成为世界主要的科学中心和科技创新高地，中国必须要拥有世界一流的科研机构、高等教育机构和高科技创新型企业，如此，才能够持续涌现出一批重大原创性科技成果。中国高校目前正在积极寻求提高自身创新创业的能力之道。

2. 创新创业推动中国经济变革

目前，世界上大部分创新型国家的共同特征是，创新综合指数普遍较高，科技进步贡献率在 70% 以上，研发投入占 GDP 的比例一般在 2% 以上，对外技术依存度指标一般在 30% 以下。中国加紧了建设创新型国家的步伐，并于 2016 年 5 月发布了《国家创新驱动发展战略纲要》（简称《纲要》）。①作为国家实施创新驱动发展战略的顶层设计文件，《纲要》的战略部署就是要按照"坚持双轮驱动、构建一个体系、推动六大转变"进行布局，构建新的发展动力系统。双轮驱动，就是科技创新和体制机制创新两个轮子相互协调、持续发力。一个体系，就是建设国家创新体系。要建设各类创新主体协同互动和创新要素顺畅流动、高效配置的生态系统。

国家创新体系的建设离不开高等教育。"国家创新体系主要由知识创新系统、技术创新系统、知识传播系统和知识应用系统四个部分组成，这四个部分的建设都离不开高等教育的执行和参与。知识创新系统，其核心执行部分就是教学科研型大学和主要依靠高等学校输送研究人才的国家科研机构；技术创新系统，其核心执行部分虽然是在企业和市场，但必须由高等教育为之提供人才基础；知识传播系统，主要由高等教育系统和职业培训系统构成，其主要作用是培养具有新知识、高技术、创新思维、创业能

---

① 中共中央国务院《国家创新驱动发展战略纲要》. 中央政府门户网站 http://www.gov.cn/gongbao/content/2016/content_5076961.htm.

力和懂伦理的人力资源；知识应用系统，其执行主体是社会和企业，其主要功能是知识和技术的实际应用，但同样离不开高等教育的引导和参与"（胡成功，1999）。高等教育的人才培养、科学研究、社会服务和文化传承的功能，在我国教育体系中处于上游地位，在面向从知识经济向创业型经济转型的国家创新体系建设中，处于至关重要的地位。

步入经济转型期的中国，经济增长的新动力究竟在哪里？国务院于2015年6月发布的《关于大力推进大众创业万众创新若干政策措施的意见》中，将"大众创业、万众创新"（双创）提高到了国家发展的战略高度。"双创"不仅是"培育和催生经济社会发展新动力的必然选择"，更是"实现创新驱动发展战略的重要举措"。这不仅为中国未来经济发展提供了强有力的支撑，也将为中国经济社会发展带来积极而深远的影响。当前，世界各国政府都将技术创新视作国家经济增长的驱动力，将大学作为提升国家"能力"的孵化器。

二、创业驱动就业增长

从全球范围来看，自2008年美国金融危机以来，在全球经济复苏缓慢的大背景下，北美失业率一直居高不下。加拿大统计局最新数据显示，[①] 2016年7月份失业率从6月的6.8%上升至6.9%，这是自2011年10月以来失业率涨幅最大的月份。而加拿大年轻人就业更难，15岁~24岁年龄组的工作职位减少了28 000个。2016年，中国高校毕业生是765万人，比2015年增加16万人（人社部，2016）。高校毕业生就业总量压力持续加大，就业形势更为复杂。

初创公司是促进就业增长的主要驱动力。美国人口普查局（US

---

① Statistics Canada. Labor Force Survey. 2016.8.5.

Census Bureau）2014 年的经济数据表明，新公司约占总就业率的 20%，高增长的年轻公司约占总就业率的 50%。美国考夫曼基金会（Kauffman Foundation）针对创业研究得出的结论是，近几年净就业的增长均来自初创公司。创业正在从单纯地追求利润——经济学家们所说的经济增长的决定因素——向大学教育转变。创业教育在培养年轻一代创新精神和创业能力的同时，也创造了更多的工作岗位，一些高校毕业生正逐渐从工作求职者向工作创造者转变。

因此，中国在深化高校创新创业教育、促进毕业生更高质量创业就业方面提出了多项重要举措。2015 年 5 月，国务院办公厅发布的《关于深化高等学校创新创业教育改革的实施意见》中明确指出了 2020 年发展目标，即高校创新创业教育体系人才培养质量得到显著提升，学生的创新精神、创业意识和创新创业能力得以明显增强，以及投身创业实践的学生数量显著增加。为进一步提升双创示范基地对促改革、稳就业、强动能的带动作用，促进双创更加蓬勃发展，更大程度激发市场活力和社会创造力，2020 年 7 月，国务院办公厅发布《关于提升大众创业万众创新示范基地带动作用，进一步促改革稳就业强动能的实施意见》。

三、创业是可以教授的

在过去的几十年里，复杂的全球创新创业环境经历了显著的变化，我们需要更深入地了解经济、资本、技术、市场、政府和社会力量，才能帮助下一代年轻人实现可持续的成功。大学创新创业教育正处于这种复杂环境的关系之中，创业教育也成了一个正在迅速发展的新领域，并在全球经历了戏剧性的增长。从一开始被认为创业是无法教授的、创业者是天生的，到现在，创业已被普遍认为是可以教的。"创业的奥秘是什么？它不是魔术，也并不神秘。它与基因无关，它是一门学科。而且，像任何一门学科一样，它是可以学会的"（彼得·德鲁克，1985）。来自针对企业、创业和小企业管理教育10年的文献回顾也表达了对此观点的支持。

通常情况下，作为个体在寻求开拓创新思维、提高创业能力的学习过程中，将更大的期望寄托在了高等教育上。如今，美国的创业教育和创业研究机构数量已增加至3 000多所。许多学校提供创业专业课程、辅修课程、资格证书和研究生学位项目。一些有声望的研究型大学甚至已经开发了创业博士学位项目，为准备进入创业教育领域的学者和研究人员做好了准备。

更为重要的是，一个创新的社会结构已经在诸如美国加州的硅谷（Silicon Valley）、波士顿的肯德尔广场（Kendall Square）、北卡罗来纳的研究三角公园（Research Triangle Park）和加拿大安大略省的高科技三角地区（Kitchener-Waterloo-Cambridge）以及多伦多地区形成。经过多年的发展，这些地区形成了一整套与创业型经济这一新经济形态相适应的创业孵化、教育培训、风险投资、知识产权保护、利润分配与激励以及政府管理等制度结构完善的创新创业生态体系。

中国的高等教育在社会创新、技术创新、商业模式创新以及就业机会和经济增长等高影响力的创新精神培育、创业能力培养等方面，在培养创新创业人才的数量和质量上未能满足社会发展需要；在创业教育模式、课程设置、培养过程和理论研究等方面也一直缓慢前行。现代管理学之父彼得·德鲁克在《创新与创业精神》（Innovation and Entrepreneurship）一书中指出，关于创业精神的发展历史，没有比现代大学（尤其是现代美国大学）的创立与发展更好的"教材"了。因此，我们有必要对国际上成熟的创业教育模式进行探究。

为什么要以生态学的视角来研究创业教育？让我们来做一个概念上的类比：在自然界中，每一个物种都生存在自身特定的生态环境中。只有当物种拥有一个在其所处生态环境中最适合自身生存的生态位时，这个物种才能长期在生态位竞争中生存与发展。与此相类似，在创业型经济环境中，教育机构已不能独善其身。在社会整体创业生态环境中，教育机构只有找到适合自己的生态位才能良好运行。教育机构与外部社会的关系类似于生物种群与外部生态群体的关系，其正相互作用按作用程度分为：偏利共生、原始协作和互利共生三种关系模式。教育机构只有与外部环境达到互利共生，社会创业生态系统中的每个生物单位都获得应有的利益，整个创业生态系统才能健康良好地可持续发展。

21世纪是创业型经济快速发展的时期，发达国家之间的竞争主要集中在科学技术创新上。而创新创业教育作为科学技术最终转化为商品生产力的重要途径之一，已经成为社会经济发展的主要推动力。因此，提倡和鼓励创新创业已成为包括中国在内的许多国家的政策取向。在目前国际金融危机依然存在、中国社会经济结构转型的大背景下，深入研究在经济增速放缓、就业压力加大的情况下，如何进一步完善中国高校创新创业教育意义重大。

近年来，中国高校创业教育得到了不断加强，但诸多矛盾问题也比较突出。例如，高校办学理念与创业教育实践不吻合的问题、大学毕业生就业困难与创业意识淡薄的问题、社会企业家兼职教授难与创业教育专业课程师资不足的问题等。总体上看，中国高校创业教育的发展还脱离不开政府的大力推动，中国高校创业教育还处于发展的初级阶段，而完善的创业教育体系的建立将有助于加速为社会培养更优秀的创新创业人才。

因此，本研究重点关注以下问题：高校创业教育生态系统的关键要素有哪些？创业教育生态系统的要素之间的关系如何？高校如何建设创业教育生态系统？本研究在生态学理论的基础上，结合组织生态学、教育生态学、创业生态系统和国际创业等理论观点，创新性地构建了"国际创业教育生态系统"（IEEE）。结合IEEE模型，对北美八所大学进行案例分析（四所美国大学：斯坦福大学、麻省理工学院、加州大学伯克利分校、普林斯顿大学；四所加拿大大学：多伦多大学、滑铁卢大学、麦克马斯特大学、瑞尔森大学。）本研究尝试通过对创业教育生态系统的概念阐释、动力机制和要素构成等分析，为大力推动我国创业教育提供新思路和新方法，为积极引导创新创业实践开拓新局面。

相对于创业教育在国外高校较早的实施，创业教育在中国开展得较晚。中国高校亟须借鉴国外创业教育的成功经验，开发出符合中国国情的创业教育及相关实践指导。本研究通过梳理总结创业教育的发展历程，对多种不同形式、具有实践意义的创业教育模式的研究分析，提炼出国外成熟的创业教育模式，构建出适合中国国情的创业教育生态系统，对中国高校实施创业教育及完善创业学专业提供参考与借鉴。

本 章 总 结

步入经济转型期的中国，经济增长的新动力究竟在哪里？本章重点阐述创新创业不仅推动世界经济发展，还将推动中国经济变革。中国经济若要保持长期稳定的高质量发展，必须提高创新创业在经济发展中的比重，加快建设国家创新体系，建设各类创新主体协同互动和创新要素顺畅流动、高效配置的生态系统。

国家创新体系的建设离不开高等教育。高等教育领域的创新创业对创业型经济发展起到了积极的推动作用。为了加快培养创新创业人才，使其具备创新思维和创业能力，中国高校需要建立以创新创业为主导的教育生态体系。

创业教育也成了一个正在迅速发展的崭新领域，并在全球经历了戏剧性的增长。从一开始被认为创业是无法教授的、创业者是天生的，到现在，创业已被普遍认为是可以教授的。

本章重点介绍了本研究重点所关注的问题：高校创业教育生态系统的

关键要素有哪些？创业教育生态系统的要素之间的关系如何？高校如何建设创业教育生态系统？在总结分析国内外较成熟的创业教育模式之后，尝试构建出一种全新的创业教育生态系统，以期对中国高校实施创业教育提供参考与借鉴。

第二章

当谈论创业时我们在考虑什么

我们曾经问:创业能被教授吗?

我们现在问:如何才能最有效地教授创业?

——巴布森学院①

We used to ask: Can entrepreneurship even be taught?

We now ask: How can entrepreneurship be taught most effectively?

——Babson College

---

① 巴布森学院(Babson College)又称百森商学院,是一所位于美国马萨诸塞州的私立大学,以创业教育闻名。

一、从教育生态到创业生态

1. 创业教育发展简史

首先,简要介绍一下创业教育发展历史。其次,分别从国外和中国对教育生态、创业生态和创业教育所做的研究进行综述分析。

通常认为,创业教育起源于商学院的企业管理教育。1947 年,哈佛大学教授迈尔斯·梅斯(Myles Mace)在哈佛商学院开设了第一门与创业教育相关的课程"新企业管理"。1949 年,哈佛大学首先创办了第一期关注创业者的杂志——《创业历史探索》。1953 年,彼得·德鲁克(Peter F. Drucker)在纽约大学开始教授另外一门与创业相关的课程"创新与革新"。彼时,创新创业、企业家精神等概念还只是应用于工业、商业、经济等领域,创业教育也并未在教育领域广泛开展。彼得·德鲁克编写的《创新与创业精神》(*Innovation and Entrepreneurship*)一书于 1995 年出版,它改变了人们对创新创业概念的认识。彼得·德鲁克在书中解释,创新和企业家精神作为一种思维方法,已不局限于经济领域,它可能存在于价值、认识以及态度之中。它是一种"超经济"的事物,既对经济有着深远的影响,又能控制其发展,但它本身却并非经济的一部分。而随着此时期科学技术的快速发展、工商业及经济复苏对创新创业人才的大量需求,创业教育开始广泛进入美国高等教育领域,并逐渐得到政府和行业的重视,在 20 世纪 90 年代以后创业教育在北美高校迅猛发展。

中国的创业教育始于 1998 年清华大学科技创业者协会成功引入 MIT 创业计划大赛模式后,清华大学经济管理学院在工商管理硕士班(MBA)开设的"创新与创业管理"课程。自此以后,中国高校的创业教育规模逐渐从小到大、课程从少到多,进入了快速发展阶段。为了进一步扩大我国高等教育创新创业教育规模,2002 年,教育部确定了以清华大学、中国人民大学、北京航空航天大学、上海交通大学等9所高校为试点单位，开展创新创业教育。2005年，由中国共产主义青年团中央、中央全国青年联合会和国际劳工组织合作开展了KAB（Know About Business）创业教育（中国）项目（简称"KAB项目"）。2010年5月13日，教育部成立了教育部高等学校创业教育指导委员会。2015年6月11日，首批由137所中国高校和50家企事业单位、社会团体共同组成的"中国高校创新创业教育联盟"在清华大学正式成立，此联盟的成立标志着创新创业教育在中国高等教育领域迈向了一个新的台阶。

本章根据文献及访谈调研资料将业界普遍认可的创业教育发展大事件进行了简要汇编，整理如表2.1所示。

表2.1 创业教育发展大事件

时间/年	主要事件
1947	第一门与创业教育相关的课程"新企业管理"由迈尔斯·梅斯（Myles Mace）在哈佛商学院开设
1949	第一本关注创业者的杂志《创业历史探索》在哈佛大学创办
1953	彼得·德鲁克在纽约大学教授创业课程"创新与革新"
1985	彼得·德鲁克出版《创新与创业精神》
1998	清华大学举办首届清华大学创业计划大赛
2002	教育部在清华大学、中国人民大学等9所高校开展创业教育试点，高校创业教育正式启动
2005	"KAB"创业教育（中国）项目启动
2010	教育部成立2010—2015年教育部高等学校创业教育指导委员会
2015	"中国高校创新创业教育联盟"在清华大学成立
2015	国务院办公厅关于深化高等学校创新创业教育改革的实施意见 国办发［2015］36号
2017	国务院关于强化实施创新驱动发展战略 进一步推进大众创业万众创新深入发展的意见 国发［2017］37号
2018	国务院关于推动创新创业高质量发展打造"双创"升级版的意见 国发［2018］32号
2020	国务院办公厅关于提升大众创业万众创新示范基地带动作用 进一步促改革稳就业强动能的实施意见 国办发［2020］26号

一、从教育生态到创业生态

在创业教育发展的历程中,还有一些基于其他角度的大事件未列于本表之中,本章在此不一一赘述。不过,本研究的访谈对象之一,美国圣路易斯大学(Saint Louis University)管理学院杰瑞·卡茨(Jerry Katz)教授在其文章《美国创业教育年代表及知识发展轨迹》中的观点有助于进一步理解创业教育发展史。卡茨教授对美国创业教育基础研究十年来的学术文献进行了分析,并对自1876年至1999年美国创业教育的发展状况进行了论述。

> 自美国开展创业教育五十多年以来,目前已有1 600多所学校开设了2 200多种创业课程,建立了100多个创业研究中心,大约有44种学术期刊及管理类期刊关注创业和创业教育主题。美国创业教育主要集中在对财富的增长和企业实体的创造方面。经过自1947年以来五十多年的发展,美国商学院创业教育的生命周期已经处在成熟阶段的初期。
>
> ——杰瑞·卡茨,2003

文章还总结了目前美国创新创业教育面临的挑战,例如随着创新创业教育的不断发展成熟,可能出现创业教育研究裹足不前、创业教育师资匮乏以及创业教育研究生项目的增加等情况等。此外,卡茨教授还指出,创业教育已经有开始向非商业学校以及美国以外的国家发展的趋势。

2. 教育生态研究综述

(1) 国际上对教育生态学的研究

教育生态学是涉及教育学和生态学的一门交叉学科,它将教育放在自然环境和社会环境中,对人的心理环境中各种生态因子与教育的相互关系进行研究,并运用生态学理论、教育学理论以及协同进化等相关原理来解释教育的生态结构及其发展规律。

教育生态学起源于20世纪40年代美国对有关人类行为的生态学研究。堪萨斯大学(University of Kansas)的巴克和赖特建立了第一个对人类行为进行生态学研究的机构——中西部心理学现场研究所(The Midwest

Psychological Field Station)。进入 20 世纪 70 年代，康奈尔大学（Cornell University）的布朗·芬布伦纳（Bron Fenbrenner）逐步发展此项研究并尝试建立一门新的学科——人类发展生态学（Ecology of Human Development）。这些研究大都关注学校情境中个体行为与环境之间的关系。在同一历史时期，有关学校环境的生态学研究逐渐丰富了起来（范国睿，1995）。

1966 年，英国生物学家和教育家艾瑞克·阿什比（Eric Ashby, 1904—1992）提出了"高等教育生态学"的概念，并运用生态学的原理和方法研究高等教育，提出了"任何类型的大学都是遗传与环境的产物"的论断。现在业界普遍认可的是，"教育生态学"的正式提出是来自美国哥伦比亚大学师范学院院长劳伦斯·克雷明（Lawrence Archur Cremin）于 1976 年出版的《公共教育》（*Public Education*）一书。克雷明在 1978 年发表的《教育生态学中的变革：学校和其他教育者》（*Changes in the Ecology of Education: The School and the Other Educators*）一文中再次对"教育生态学"进行了探讨。

(2) 中国对教育生态学的研究

教育生态学研究在中国的开展始于台湾地区。台湾师范大学方炳林于 1975 年在其著作《生态环境与教育》中认为，教育生态学研究就是"从生态环境中选择与教育有密切关系的因素，以了解其与教育之间的相互作用与关系"。李聪明于 1989 年在其著作《教育生态学导论》中运用生态学原理，针对台湾地区教育的现实问题进行了反思。作者认为现代教育具有了生态化趋势，应以生态学思维进行思考。吴鼎福等（1990）出版的《教育生态学》一书标志着中国大陆学者对教育生态学研究的正式开始。任凯、白燕（1992）出版了大陆第二部《教育生态学》著作。随着教育生态学研究在大陆逐渐引起人们的关注，学者们开始将研究视角集中到了具体领域。范国睿（2000）在其《教育生态学》一书中将教育生态学运用到了学科体系的建构上。贺祖斌（2005）的《高等教育生态论》则基于生态学理论，专门针对高等教育生态系统进行了论述。以上几部关于教育生态学专著的出版，标志着教育生态学研究已经进入中国教育科学研究领域。

邓小泉等（2009）在《教育生态学研究二十年》一文中从教育生态学研究对象的角度出发，将上述几部著作的观点总结为两种：一种观点是以任凯、白燕等为代表的系统论，此观点认为教育生态学的研究对象是教育生态系统；另一种观点是以吴鼎福、范国睿等为代表的关系论，此观点认为教育生态学的研究对象是教育与生态环境的关系。另外，文章还总结出了中国大陆地区教育生态学研究所呈现出的四种趋势：一是侧重教育与生态环境的关系研究；二是倾向教育生态系统的研究；三是以专题研究为主的研究；四是联系实际应用的研究。此文章对教育生态学研究的系统总结为后续研究者提供了研究路线，开拓了研究思路。

随着高等教育生态学理论的进一步发展，学者们开始将理论应用到对实际问题的分析当中。胡源源、胡青（2011）在《基于教育生态系统对我国高等教育产业化的审视》文章中，具体针对中国高校收费过高的"教育产业化"问题进行了论述，并表示高等教育产业化引发了教育生态系统的失衡。文章借鉴美国学者詹姆斯·穆尔（James F. Moore）的"商业生态系统"理论提出了"教育生态系统"的概念，并对中国高等教育生态系统的内涵、失衡和平衡进行了描述与分析。文章虽然按照结构与功能相对应的观点，表明可通过优化教育结构来提高教育系统的功能。但基于"组织生态系统"理论，文章缺乏对高等教育组织机构内部的深入论述。高涵、周明星（2013）在文章《关于教育生态学学科发展的思考》中从学科发展的角度，将生态学学科置于教育系统中，尝试提出了教育生态理论体系。王瑞、金祥雷（2014）的文章《论高等教育生态学视域下的创新人才培养体系构建》则从高等教育生态学的视角，综合分析了高等教育的内部逻辑体系，提出了构建多元化的创新人才培养体系。这两篇文献更多地是从理论层面对目前中国教育系统，尤其是在学科发展和培养体系方面对当前中国教育系统进行了剖析，但在现实层面的操作上可借鉴性不强。

3. 创业生态研究综述

(1) 国际上对创业生态系统的研究

世界经济论坛《全球竞争力报告》根据人均 GDP 以及初级产品占出口份额的情况，把经济体分为如下三个层次：① 要素驱动经济体。自给型和资源型企业占主导，它非常依赖于劳动力和自然资源的投入。该阶段发展的着力点在于充分构建满足基本需求的基础条件。② 效率驱动经济体。进入效率驱动阶段后，经济获得了进一步发展，伴随着工业化和对规模经济的日益依赖，资本密集型的大型企业更占优势。该阶段，基本需求不断地改善，关注的重点在于开发效率驱动点。③ 创新驱动经济体。进入创新驱动阶段后，知识密集型企业占据主导，且服务部门进一步扩张。尽管该阶段创业与创新要素占主导，但需要指出的是这些要素条件需要依赖于一系列稳健的基础需求和效率驱动点。

全球创业观察组织（The Global Entrepreneurship Monitor，GEM）采用上述划分标准，每年针对世界不同地区的创业生态系统进行评估调查。评估要素主要包括：融资、政府政策、税收和行政体制、政府创业项目、在校创业教育和培训、离校创业教育和培训、研发转化、商业和法律基础服务的可得性、内部市场动态性、服务和基础设施建设的可得性以及社会和文化规范等。2015—2016 年度调查结果显示，在接受调查的 60 个国家中，从经济体发展水平来看，"创新驱动经济体"普遍在各个要素上有很高的评分，如基础设施建设的可得性、商业与法律基础体系以及社会和文化规范等要素；而"要素驱动经济体"依然在创业生态系统的各个要素障碍上徘徊，如在校创业教育、内部市场进入的管制和壁垒、融资渠道等要素。从地理区域来看，北美、欧盟等发达国家的创业生态系统最为完善，具体体现在资金支持、商业和法律环境、文化和社会规范等方面。其在公共政策制定、创业风险降低、支持创业文化、社会创业实践以及创业教育实施等方面，也奠定了坚实的基础。非洲等欠发达国家的创业生态系统最差。比较而言，中国创业环境指标值普遍较低，除了政策、内部市场动态性、基础设施建设指标值外，其他指标值均相当或低于亚洲平均水平（武向荣等，2015）。

（2）中国对创业生态系统的研究

近年来，创业生态系统研究也引起了越来越多的中国学者的关注。

林嵩（2011）认为创业生态系统是一种初创企业与其所处生态环境所构成的动态平衡系统，并认为创业生态系统在资源汇聚、价值交换和平衡调节机制之间存在着一定的逻辑递进关系。

刘振亚（2013）将对创业生态系统的研究聚焦在了高等教育领域，并认为目前中国高校创业生态系统还没有完全建立起来。相比于美国高校创业生态系统的建构状况，中国高校创业生态系统的建设还存在较大差距。因此他提出了由大学生、国家政策、社会资助、高校师资、课程体系、高校决策部门、高校社团组织、实践基地八项生态因子构成的高校创业生态系统。但是，具体到各个生态因子之间如何相互作用、如何建立成为一个良性互动的系统，文章并未深入展开讨论。

庞静静（2016）通过对国内外相关文献的梳理，结合生态学理论、商业生态系统理论以及利益相关者理论，将创业生态系统的概念定义为：创业企业与能够对创业活动产生影响的组织，在特定的创业环境下所形成的开放性系统。她将创业生态系统的群落分为五个种群：创业企业、投资机构、科研机构、服务机构及政府部门。在综合分析了创业生态系统的结构和运行后，庞静静提出了构建创业生态系统的基本框架。最后，她指出了创业生态系统评估的四个维度（群落结构、创业环境、群落与环境的协同性、系统稳定性）。

蔡莉等（2016）认为创业生态系统有四种类型：第一类是政府强参与、核心企业主导的创业生态系统；第二类是政府强参与、企业网络分散的创业生态系统；第三类是政府弱参与、核心企业主导的创业生态系统；第四类是政府弱参与、企业网络分散的创业生态系统。他们认为这四类创业生态系统都具有下述六个特征：区域性、竞争性、多样性、网络性、共生性、自我维持性。

通过对上述文献的研究可以看出，作为创业生态系统中的关键主体——人力资源和关键群落（创业教育），上述研究都缺失了对此方面的深入分析。而基于政府参与和企业网络两个维度而发展出来的四种创业生态系统类型，是属于封闭式的自循环系统，其体现出的六个特征也不具备广泛的外生性和拓展性，但这正是一个健康的创业生态系统可持续发展的关键。

4. 创业教育研究综述

（1）国际上对创业教育的研究

戈曼等（Gorman et al, 1997）在《创业教育、企业教育及中小企业教育管理的研究视角：十年文献综述》一文中表示，通过对十年（1985—1994年）的创业教育文献进行研究，可知创业教育具有为创业者开办新企业的准备功能，同时也是创业者增强自我效验的一种方式。戈曼提到，创业教育应该为学生创业者提供角色扮演和学徒计划，要重点关注创业素质和创业技能的培养与提高，并将教学内容与初创企业发展的不同阶段相结合。

2002年，日本学者通过对美国六所大学的理工科学生创业教育实践进行分析后指出，虽然一些研究论证了创业精神对学生学习或专业能力的影响，但创业精神对工程专业学生的学术发展或职业生涯究竟起到了多大作用，这在很大程度上是未知的。可知的是，越来越多的工程专业的学生正在接受创业教育。这并不奇怪，因为在工程教育中融入创业精神还是一个相对较新的尝试。

纳萨莉等（Nathale Duval-Acouetil et al, 2012）通过调查问卷的形式分析了普渡大学创业教育在工程教育中的实施情况。调查数据来自参加了三个创业课程项目的501名工程专业的学生。研究发现，虽然有2/3或更多的工程专业学生打算在毕业后为中型或大型公司工作。但同样数量的学生认为，创业教育可以拓宽他们的职业前景和选择。不到1/3的被调查者认为，创业精神能够被应用在其工程项目中。调查还发现，参加了一个或多个创业课程的学生从不同举措中表现出了更高层次的创业自我效能（Entrepreneurial Self-efficacy）。[①]在某些工程学科，如电气和机械工程专业，参加创业教育的学生数量高于其他学科。这些研究结果为后续的创业教育教学项目的开发和评估提供了有价值的基线数据。

相比于美国的创业教育，欧洲的创业教育起步较晚。欧洲的创业教育体系还远未形成，创业精神仍未融入整个高等教育领域，创业潜力还没有被充分开发。欧洲创业教育的驱动力主要是源自本地的经济发展和职业就业等外部因素，即创业型职业和创业型就业。创业教育开展初期也并未得到大学的广泛认同，只有为数不多的几所大学开展了创新创业教育，而且大部分创新创业教育课程都开设在商学院和工学院。鉴于此，欧盟委员会（The European Commission）于2013年9月发布的《创业2020行动计划》（*The Entrepreneurship 2020 Action Plan*），[②]首先强调的就是加强创业教育和培训。该计划强调，要高度重视在学校中倡导创业精神，希望以此造就新一代创业者，振兴欧洲经济。为使欧盟各国共同推动创业教育生态化发展，起草《创业2020行动计划》的创业教育专题工作组于2014年发布了《专题工作组创业教育最终报告》（*Final Report of the Thematic Working Group on Entrepreneurship Education*），提出了基于七个因素的创业教育生态系统建设。

（2）中国对创业教育的研究

随着创新创业在中国社会逐步深入地开展，中国学者也开始将关注点从教育生态逐渐转向创业教育生态。

---

① 自我效能的概念是由美国斯坦福大学心理学家阿尔伯特·班杜拉（Albert Bandura）于1977年发表的论文《自我效能：关于行为变化的综合理论》中首次提出的。班杜拉认为，所谓自我效能，是指个人对自己在特定情境中，是否有能力去完成某个行为的期望。现在"自我效能感"理论已被广泛应用于心理、医疗、管理等社会学科领域的研究。

② 欧盟《创业2020行动计划》确定了实施的三大部分：1) 创业教育与培训；2) 创建良好的促进创业和企业发展的政策环境；3) 制定专项机制对特定企业家群体进行扶持，充分发挥其创业潜力。

苏晓华、陈云君、王科（2011）从制度变迁的视角出发，借鉴巴布森商学院（Babson College）的 3E（Entrepreneurship Education Ecosystem）模型，提出构建基于范围和维度的本土化 3E。范围包括创业课程、课外活动、研究三方面；维度包括利益相关者、资源、基础设施建设、文化四方面。然而本研究认为，此 3E 模型没有考虑到生态系统中各个生态因子之间相互变化的因素，本土化 3E 与中国数量众多、地方特色各异的高校如何密切融合将是个问题。王占仁（2012）构建了包括价值体系、课程教学体系、实践教育体系、运行体系和评价体系五个方面内容的"广谱式"创新创业教育模式。何郁冰、丁佳敏（2015）将创业教育生态系统界定为大学在内部构建的由研究中心、社团协会、技术转让等机构组成的动态化网络组织，以政策、基金、咨询、培训作为支撑平台；在外部则与企业、政府以及其他高校互动合作的体验式创业教育，旨在促进技术创新并直接服务经济发展。研究借鉴生物学中的生态系统理论，通过对斯坦福大学、慕尼黑工业大学和南洋理工大学的案例分析表明，创业型大学提高创业教育的关键在于构建一个综合多种要素与资源的创业教育生态系统。

20 世纪末，政治经济的全球化给高校的传统教育工作模式带来了不稳定性。作为全球化变化的主要标志之一：在资本和劳动力之间的教师现已被定位于市场之中。1999 年，美国学者希拉·斯劳特（Sheila Slaughter）与拉里·莱斯利（Larry Leslie）合著的《学术资本主义：政治、政策和创业型大学》一书中明确地使用"学术资本主义"一词来宣示知识成为"资本"、大学研究人员成为"创业家"的时代的来临。

中国学者也基于学术资本主义的视角对创业教育生态化进行了研究。王传毅、黄显惠（2016）将大学、教师、学生作为三个创业生态要素，在政府、学校、企业的协同下，形成一个健康、可持续的循环创业生态系统。此论述将创业生态系统简单化的同时，未能体现出多个生态因子之间相互作用的自然生态特性。

姚飞、高冬雪、孙涛（2016）通过对美国得克萨斯大学奥斯汀分校和新加坡国立大学这两个典型案例的对比分析，提炼出构建开放式大学创业生态系统的七个关键要素：① 高层领导的愿景、承诺与支持；② 对项目和教师的强力领导；③ 长期持续努力；④ 大量的财务投入；⑤ 课程及项目的持续革新；⑥ 适当的组织变革；⑦ 突破成功大学创业生态系统的临界点。文中论述了通过"让政府、商业和学术机构共同创建技术型公司"，或成立"大学公司"推进该校从事创业活动。本研究认为，由这些要素构建的创业生态系统在中国目前的体制环境下比较难以实现。不仅如此，其成立"大学公司"的理念与创新创业教育的"价值塑造、能力培养、知识传授"宗旨也相背离。

徐小洲、王旭燕（2016）从战略发展的角度，提出中国创业教育生态体系建设要树立以全球（Global）、全民（All）和终身（Lifelong）为外驱力，以互补性（Complementary）、整体性（Holistic）和可持续性（Sustainable）为内应力的"GALCHS"创业教育生态发展观念。借此能破解中国高校创业教育"生态位"角色缺失、政策因子缺位、创业教育生态系统运行基础薄弱等难题，从而最终达到推进创业教育生态系统萌芽、发育并进入"稳态"的目的。文章提出了教育国际化、可持续发展理论的观点，但只对其观念进行了概念性的论述，并未对外驱力和内应力之间及其系统的相互作用关系做进一步详细说明。

5. 创业教育学科建设的研究

布诺考斯等（Beockhaus et al，2001）在《创业教育——全球视角》中分析创业教育的目标群体、创业教育的理念概论、创业学习中的体验方法后，建议在高等教育机构建立跨领域的创业计划，通过大学培育创业精神。

房国忠、刘宏妍（2006）以《美国大学生创业教育模式及其启示》为题发表在《外国教育研究》上，文中研究了美国创业教育的良好社会基础和社会支持体系。研究认为，美国创业教育师资力量雄厚、学校管理层重视、创业教育课程系统化等经验是值得中国借鉴的。

卢丽华（2007）在《美国大学实施创业教育的特点及启示》中，分析美国大学实施创业教育的价值取向、创业教育的课程及创业教育的形式与性质等，提出中国高等学校创业教育应转变教育的培养目标，走出"就业教育"的误区，与高等教育大众化同步发展，并走向普及化，构建具有中国特色的创业教育课程体系。

童晓玲（2012）在《研究型大学创新创业教育体系研究》中，着重对创新创业教育的内部体系模块和"三课堂"运行模式做了深入探讨。

茹宁、沈亚平（2013）发表在《中国大学教学》上的文章《论创业教育课程体系的三项设计原则》，则针对中国高校创业教育模式提出了"三维"复合原则，即基于创业意识、创业学科、创业实践三大基础课程模块上的培养模式。

从高等教育学的角度来看，当前中国高校创新创业教育并不是基于一个独立学科的基础上开展的，如何切实增强高校创新创业教育发展的内生动力？王占仁（2016）提出"其根本途径是切实加强创新创业教育学科建设，厚植创新创业教育在高校的学科基础"。"整体设计创新创业教育学科建设方案，分三步解决创新创业教育学科归属问题：第一步将创新创业教育发展成高等教育学、教育经济与管理学或比较教育学二级学科下的研究方向；第二步应该加强创新创业教育的相关研究，融合就业教育、职业生涯规划教育内容，开辟出原理、史论、方法、比较等主流研究方向；第三步将创新创业教育相关研究方向进行整合，并正式在教育学一级学科下设创业教育学，或在管理学门类下建立创业学一级学科，下设创新创业教育学二级学科，最终建成创新创业教育学科。"

6. 当前研究的特征及不足

从以上文献综述可以看出，当前对创业教育生态系统研究的综合特征表现为，研究大多根据生态影响范围，由外到内从创业生态、教育生态、创业教育生态三种不同的视角进行探讨，其具体研究特征与不足表现为：

（1）从创业生态视角出发的研究，大多是将生态学概念简单转化到教育领域，强调社会创业生态系统对教育生态系统的影响，而欠缺对高等教育自身生态发展规律的准确认识。

（2）从教育生态视角出发的研究，过多强调教学模式、课程设置、教育内容以及教学保障和评估体系等方面，欠缺对商业环境以及创业生态系统内部运行机制的深层次研究。

（3）从创业教育生态视角出发的研究，大多集中于对创业教育经验的介绍和教育模式的总结，研究内容概念化成分比较多，并未将赋予在高等教育机构身上的生态特性充分表现出来。

目前，创业教育生态系统研究还是一个相对比较新的领域，上述研究特征与不足的形成原因主要有三个方面：

（1）高校创业教育生态系统的理论研究尚未形成一个系统框架。创业教育生态系统还处于一个不断发展的阶段，研究者们从各自不同的视角去尝试完善该领域的理论体系，目前尚未形成一个系统的理论分析框架。

（2）创业教育生态系统领域的实证研究缺乏案例数据库的支撑。创业教育生态系统的形成和发展是一个长期的过程，目前还没有形成一个大规模的、成熟的案例数据库，实证数据的收集和分析存在一定难度。

（3）随着创新创业在中国社会各个行业的不断深入，创业教育正逐步在高等教育机构中开展，但在理论研究和实践应用之间还存在一定差距。

当然，目前的创业教育生态系统研究仍有许多可借鉴之处，例如创业生态系统的模型建构方式、创业生态系统的生态因子分类以及高等教育国际化视角的研究，这些都为本研究拓展思路提供了积极的参考。

二、什么是创业教育生态系统

1. 核心概念

任何一门学科发展到一定程度，都必须提出能最好地描述其特性的基本概念，生态学亦如此。概念这一意识的载体，是人类对一个复杂事物或过程思辨和抽象后产生的，是通过（可以是不同的）术语来表达的。概念是一切旨在将本质与表象、必然与偶然区分开来的基石（谢平，2013）。因此，下文将分别对生态系统、创业教育以及高校等核心概念进行界定。那么，是谁最先提出了生态学的概念？

（1）生态学

1859 年，英国生物学家、进化论奠基人查尔斯·罗伯特·达尔文（Charles Robert Darwin，1809—1882）出版了著名的《物种起源》一书。书中讨论了生态学、古生物学、生物地理学、动物行为学、形态学、胚胎学、分类学等许多领域的诸多现象，第一次把生物学建立在完全科学的基础上，以全新的生物进化思想推翻了"神创论"和"物种不变"等唯心主义理论。1866 年，德国著名动物学家欧内斯特·海克尔（Ernst H. Haeckel，1834—1919）在其专著《普通生物形态学》中首先使用了生态学（Oecologie）一词，并对"生态学"做了如下定义：生态学是研究动物与有机和无机环境的全部关系的科学。不过，也有学者认为"生态学"一词最早是于1858 年由美国生态思想家亨利·戴维·梭罗（Henry David Thoreau，1817—1862）首次使用的。

"生态学"（Ecology）一词源于希腊文 Oikologie，由希腊字 oikos（house）和 logos（study of）组合而成。从字面上来看，意指研究居住环境（或生境）的学科。当然，生态学还是属于生物学的一个分支。从生态学产生的历史看，它一开始就是与许多生产实践紧密联系的。现在较普遍的解释是，生态学是研究有机体或有机群体与周围环境的关系的科学。

黄长平（2014）认为，"生态学"一词在教育研究中的正式使用，始于美国教育学者沃勒。1932 年，他在《教学社会学》一文中曾提出"课堂生态学"的概念。1966 年，英国学者艾瑞克·阿什比（Eric Ashby，1904—1992），在他的《英国、印度和非洲的大学：高等教育生态学研究》中首次提出了"高等教育生态学"的概念。

(2) 生态系统

1930年,英国植物学家罗伊·克拉法姆(Roy Clapham,1904—1990)创造了"Ecosystem"一词。1935年,英国植物学家和生态学家亚瑟·乔治·坦斯利(Arthur George Tansley,1871—1955)受丹麦植物学家尤金纽斯·瓦尔明(Eugenius Warming)影响,明确提出"生态系统"(ecosystem)的概念。坦斯利认为"基本概念就是整个系统(就物理学的意义而言),不仅包括了有机体的复杂组成,还包括我们称之为环境的物理要素的复杂组成,这些复杂组成形成了一个物理系统,我们可以称之为生态系统,这些生态系统具有最为多样的种类和大小。它们形成了宇宙中多种多样的物理系统中的一种类型,而范围则从宇宙整体到原子"。

坦斯利提出"生态系统"的概念是生态学发展史上一次理论上的重大突破。在生态系统概念之前,生态学界深受达尔文自然进化论"适者生存"概念的影响。学者们主要研究自然历史或博物学,大部分研究工作是描述性的。在动物生态学领域,主要研究诸如动物的繁殖、食性、迁移、生活史等;在植物生态学领域,主要以野外调查为主,进行植物群落描述,环境对植物个体、种群或群落的影响、生物产量等研究。生态系统概念提出之后,当时人们对它的重要性并没有给予充分的理解和重视,生态学家还是按照他们个人的兴趣开展研究工作(何兴元等,2004)。

美国学者奥德姆等(Odum et al,1953)出版了《生态学基础》一书,该书的出版使人们对生态学研究逐渐转向了对生态系统的研究。此后,学者们开始把生态系统作为生态学的研究对象,生态学得到了迅速发展,并在研究方法、研究内容和研究目标上都有了很大变化。生态学家们不仅发展了生态系统的理论基础,同时也开始面向实际问题。生态学已从单一学科、小范围的研究,转向了多学科的综合研究。

随着对生态系统及社会组织结构认识的不断深入,人们认识到人类社会的组织运转和生物学意义上的生态系统都极为类似,并将生态系统这一概念引入到了社会科学领域。经过20世纪50年代生态系统概念的广泛传播并逐渐被认可，生态系统在 60 年代以后已逐渐发展成为一个综合性很强的研究领域。

基于上述综合分析，本研究将"生态系统"界定为：生物与其生存环境以及生物与生物之间在一定空间内相互作用，彼此通过物质循环、能量流动和信息交换等手段，所构成的具有一定结构、执行一定功能的动态平衡整体。

（3）创业型经济

首先介绍一下"创业者"的概念。自从美国经济学家、教育家弗朗西斯·沃克尔（Walker F. A.，1876）出版了《工资的问题》一书，"创业者"的概念开始进入研究者的视野。美国政治经济学家陶西格（Taussig F. W.）于 1915 年出版的《经济学原则》一书中指出，"创业者"的作用不仅仅是创新，还包括创造财富。这一观点为研究者对"创业型经济"的定义奠定了基础。"创业型经济"的正式提出则是在 1985 年，由彼得·德鲁克作为一种"新经济"提出的，并将其称为"近代经济和社会史上发生的最重要、最有希望的事件"。中国学者李政（2005）通过对小阿尔弗雷德·钱德勒（Alfred D. Chandler）所定义的"管理型经济"分析后，认为创业型经济是以知识作为主要比较优势的经济形态，并认为创新和创业精神是从"管理型经济"向"创业型经济"过渡的关键因素。

本研究对"创业型经济"概念的界定为：创业型经济是一种新的经济形态，是建立在创新与创业基础上的一种经济形态。创业型经济的形成需要创业素质教育和创业精神的培育。

（4）创业教育

首先，让我们先了解一下什么是"创业型大学"。在大学将教学和科研与知识资本化相结合的过程中，诞生了一种新的大学模式——"创业型大学"。美国教育家伯顿·克拉克（Burton R. Clark）在其著作《建立创业型大学：组织上转型的途径》（1998）和《大学持续的转变：案例研究及概念的延续》（2004）中将"创业型大学"描绘为大学组织的转型和持续的转变。伯顿·克拉克通过大量的案例研究，揭示了创业型大学的发展途径。围绕"创业型大学"这个组织为核心，通过对"强有力的驾驭核心、拓宽的发展外围、多元化的资助基地、激活的学术心脏地带、整合的创业文化"五个转型途径，阐明了创业型大学的建成。伯顿·克拉克的"创业型大学"模式基于大学的知识生产、教学、科研三个因素展开，这在一定程度上也解释了变化环境中组织的复杂性（例如学校的自主性、财政瓶颈、学生、教师和研究人员的竞争）（伯顿·克拉克，2003），同时也反映了今天的教育环境的复杂性。

在上述背景下，以培养创业意识和提高创业能力为主要目标的"创业教育"应运而生。作为创业型大学一种重要的全新教育观念，创业教育不仅体现了素质教育的内涵，注重学生实际能力的培养，更强调学生就业观念的转变、学生创新创业意识和能力的提高。

中国学者也对"创业教育"的概念做了相关解释。浙江大学徐小洲认为，创业教育的本质就是向个体提供如何在变化不确定的环境中识别和把握创新机遇、承担风险、整合资源并创造价值的知识和能力，使创业成为未来的一种职业选择，毕业生将不仅仅是求职者，而且首先是工作岗位的创造者。

本研究认为，创业教育并不是简单地鼓励人们去成立一家新公司。创业教育的真正意义在于培养一种寻求机会、承担风险、容忍失败、自力更生、创造性地利用资源的一种思维、心态和精神，并具有坚韧的毅力克服障碍去推动一个想法的实现。

另外，本研究中所指的高校是高等学校，即进行高等教育的学校，包括学院和大学。机构类别上包括大学、专门学院、高职高专院校；学历和培养层次上包括专科、本科、硕士研究生和博士研究生。大学是高等学校中的一部分，专门学院如医科大学、戏曲学院、音乐学院、美术学院；高职高专院校如高等职业技术学院、高等专科学校等，都属于高等学校系列。

2. 理论阐释

本研究从生态学理论出发，将生态学思维引入教育领域，并结合组织生态学，对创业教育生态系统的建构问题进行理论探讨，图 2.1 为国际创业教育生态系统理论关联图。

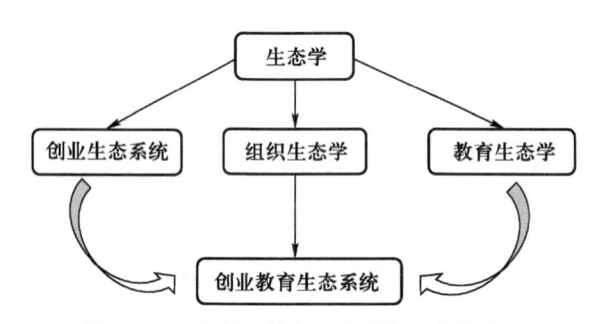

图 2.1 国际创业教育生态系统理论关联图

（1）生态学理论

从自然生物学科发展而来的生态学，在 20 世纪初已成为一门初具理论体系的学科。从最初包含的植物生态学和动物生态学，到被运用于社会科学领域，生态学的基本原理逐渐被人们所接受。生态学的基本原理通常包括物质循环再生原理、物种多样性原理、协调与平衡原理以及整体性原理。

生态位理论是生态学的经典理论，简单说就是种群生态要适应生存环境。后来，生态学逐渐发展出了人类生态学、社会生态学和组织生态学等。不仅如此，一些较深入的研究还从中分化出来，成为独立的学科，如城市生态学和人口生态学等。

（2）教育生态学

教育生态学是以已有的教育学研究为基础框架，借助生态学的原理与方法，选取一定的角度和教育生态要素，考察和分析教育系统的外部生态环境与内部生态环境，及其对作为教育生态主体的教育生态系统与该系统中不断发展的人的影响。阿什比（Ashby，1996）认为大学是遗传与环境的产物，只有保持遗传和环境之间的动态平衡，高等教育体系才能更好地为社会服务。

范国睿（2000）认为，教育生态系统是社会生态系统中的一个相对独立的子系统，它有着自身的结构与功能。教育生态系统又是一个开放的系统，它与社会生态系统不断地进行着物质与能量交换，与其环境相互作用。教育生态系统在相对不变的输入、输出比的作用下，建立起"稳定态"或平衡。当教育生态系统中的各种循环断裂时，为了重新建立平衡，一方面需要引进能量和资源，另一方面需要进行内部的环境改造和组织变革，以进行自我调节，建立新的平衡（教育生态系统图如图2.2所示）。

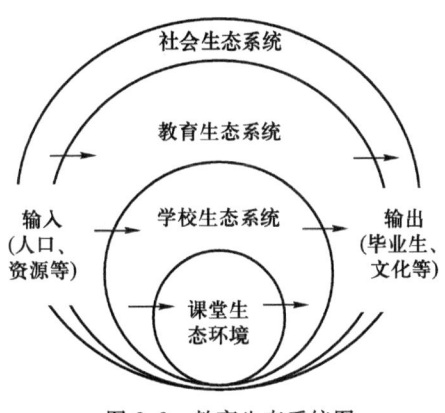

图 2.2 教育生态系统图

潘懋元（2006）从方法论的角度对生态学进行了解释，认为生态学是研究生物与环境辩证统一关系的科学，是一种科学的思维方法。用生态学的思维方法去研究教育规律，已成为一种新的视角和有效的方法。

（3）组织生态学

组织生态学（organizational ecology）是20世纪70年代以后从社会学中发展起来的一种研究"环境对组织结构影响"的新组织理论，主要运用生态学的概念、模型、理论和方法对组织结构及其所受环境的影响进行研究。迈克尔·哈南与约翰·弗里曼于1977年发表《组织种群生态学》一文后，被认为是最早主张组织生态学的学者。他们认为，在一个特定边界内的、具有共同形式的所有组织构成种群，同一个种群中的组织对环境的依赖程度的不同影响着这些组织的活动方式及其结构。完整的组织生态学理论体系研究对象包括四个层次：组织个体、组织种群、组织群落和组织生态系统。

创业生态系统研究属于组织生态学的一个分支。从生态学的视角来看，任何组织都必须依赖外部环境所提供的资源条件而生存，创业生态系统也必须依赖外部环境才能发展成熟。因此，借鉴组织生态位原理，创业生态系统的实质就是根据创业组织自身客观条件以及对所处创业生态位的认识与把握，通过运用组织生态理论协调创业组织自身和创业环境之间的关系，并不断选择、扩展和优化创业组织自身生态位，使其不断地接近基础生态位的动态平衡过程。

三、研究设计与数据分析

下面介绍本研究是如何进行研究设计和数据分析的。研究设计包括研究方法的采用、研究工具的选取以及研究思路和研究框架的确立；数据分析包括数据收集方法、数据编码过程以及三级编码示例。最后对研究效度与研究信度的处理进行了说明。

1. 研究方法和研究工具

（1）研究方法

本研究在开始之前并没有理论假设，而是先从原始资料中归纳出概念和命题，然后上升到模型和理论建构。这是一种自下而上建立理论的方法，即在系统收集资料的基础上，寻找反映社会现象的核心概念，然后通过在这些概念之间建立起联系而形成理论（陈向明，2000）。这种研究过程和方法符合扎根理论的主要宗旨，即从经验资料的基础上建立理论，也就是在收集和分析资料的基础上归纳出相关的假设和推论。简而言之，基于扎根理论的研究不是先有理论，然后去验证它；而是研究者先有一个待研究的领域，然后从此领域中萌生概念和理论。从研究属性上来看，属于质的研究方式；从事实层面上来看，是从现象中归纳得出理论。因此，本研究适合采用扎根理论的质性研究方法。

"扎根理论"（Grounded Theory）由美国学者巴尼·格拉斯（Barney Glaser）和安塞姆·施特劳斯（Anselm Strauss）于1967年发表的《扎根理论的发现》（*The Discovery of Grounded Theory*）一文中首次提出。两位学者认为，基于数据质性化的研究之后是能够产生理论的，而不是先从理论中演绎出可验证性的假设。

随着扎根理论的研究和实践在社会学领域的逐渐深入，该理论也逐渐形成了三大流派：经典扎根理论、程序化扎根理论和建构型扎根理论。以格拉斯和施特劳斯两位学者作为扎根理论的创始人，代表的是经典扎根理论流派。他们认为扎根理论方法论的主要目的就在于发展出一个理论，而不是"对现实做出真理式宣称"。程序化扎根理论流派由安塞姆·施特劳斯和朱丽叶·科尔宾（Juliet Corbin）于1990年发表的《质的研究基础：扎根理论的技术与程序》一文中提出。程序化扎根理论认为，理论是在系统的收集和分析资料的研究过程之后衍生而来的。并且，在研究过程中，最终生成的理论与资料的收集、分析和整理具有密切的关系。程序化扎根理论的核心在于理论是在质性研究过程中产生，而不是去验证预设的理论。建构型扎根理论由建构主义理论家卡麦兹（Charmaz K.）提出，认为扎根理论的建构过程是相互推动的，研究者本身也是研究内容之一。扎根理论三大流派的最大差异在于编码过程。经典扎根理论将编码过程分两个步骤：即实质性编码和理论性编码。程序化扎根理论分三级编码：开放式编码、轴心式编码和选择式编码。建构主义扎根理论虽然没有明确指出编程步骤，但非常强调研究者个人在研究过程中所展现的经验性知识，强调研究者需具备对资料反复询问的能力，与被研究者互动的能力，以及对其行为意义进行解释的能力。

本研究无意对扎根理论发展本身进行深入探究，旨在采用最科学的研究方法对数据进行处理、对问题进行探究。基于本研究的数据资料大量来自文献、访谈和实地调研的特点，在研究方法上采取了结合三级编码的程序化扎根理论和研究者与被访者及原始资料具有互动关系的建构型扎根理论。

（2）研究工具

在质性研究中，以往研究者分析资料时仍旧使用"剪刀＋糨糊"的办法（陈向明，2000），用手工作坊式的方法进行数据整理和编码的分类工作。研究者在进行数据分析时，其过程不仅纷繁复杂、费时费力，还可能出现因操作失误所造成编码遗漏的问题。现在，越来越多的研究者开始使用"电脑辅助质性数据分析软件"（Computer-Assisted Qualitative Data Analysis Software，CAQDAS）。

由澳大利亚 QSR 公司开发设计的 NVivo 软件，是一款功能强大的质性数据分析软件。它能够有效分析多种不同类型的数据，不仅可以处理文本数据（访谈录音稿、田野工作笔记、会议记录等），还可以处理非文本数据（照片、图表、可视化影像、视频等）。NVivo 软件强大的优势还在于其编码功能，可将大量的资料与研究主题相关的信息进行汇总，然后进行编码整合。NVivo 现在已经广泛应用于社会科学研究、人类学研究、心理学研究、商业和市场研究以及教育科学研究中。

因此，在研究工具的选择上，本研究选用了 NVivo 软件（8.0 SP3 版本）进行数据管理及分析，这样不仅省去了一些繁杂的诸如对资料进行分类、排序、整理等手工作业，使笔者能够专注于研究问题的本身，而且便于准确快速地捕捉资料中的关键信息点，最终获得研究问题的结论。

2. 研究思路和研究框架

（1）研究思路

扎根理论认为，在研究过程中所展现的每一个概念及理论都对研究者具有导向作用，为研究者明确了下一步的研究方向。研究者应该在研究过程中持续不断地在资料和假设之间进行反复比较，然后将比较结果用于资料编码和数据分析当中。数据分析结束后所形成的结果，可以作为下一步资料收集、抽样的标准，以便对新资料的分析工作进行指导，如选择何种资料、如何编码和归档等。反之亦然，在下一轮资料收集工作中，这些初步的理论也可以进一步指导研究者收集新的资料，如在何时、何地、向何人、以何种方式收集何种资料（陈向明，2000）。

随着所搜集数据资料的不断丰富，经过对资料和假设的反复比较分析后，本研究将所关注的视野从加拿大扩大到了北美地区，这将下一步理论的研究扩展到了一个比较宽泛的范围基础；而随着对该领域研究的不断深入，又将研究范畴从单纯的创业教育模式比较上扩大到了对高校创业教育生态系统的分析。这不仅仅是一个物理概念上从点到面的扩充，还是一个研究者对探究事物本质的科学态度的体现，更是一个把基本概念及理论进行数据分析的思维形成过程。

本研究基于扎根理论的分析过程分为如下几个步骤：提出研究问题；设计访谈提纲和确定访谈对象；数据收集和数据编码及分析；理论或模型建构；在理论饱和的情况下，形成结论与建议。与传统的实证研究不同，基于扎根理论的研究并没有明确划分数据收集与数据分析之间的界限。研究者本人必须持续不断地收集数据，直到文本中不再有新证据出现。而这个过程则被称为"类属饱和"，这也是扎根理论的主要验证方式。

综上，本研究遵循扎根理论的研究思路为：① 确定访谈对象、设计访谈提纲；② 数据收集（访谈、转录、导入）；③ 数据分析（三级编码）；④ 形成理论或建立模型；⑤ 结论与建议。基于扎根理论的研究思路流程图如图2.3所示。

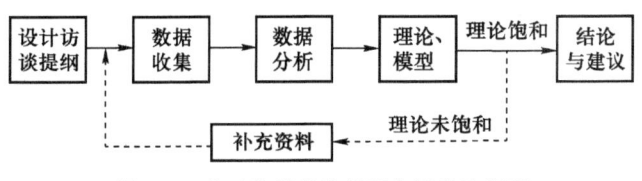

图2.3 基于扎根理论的研究思路流程图

(2) 研究框架

本研究尝试采用基于扎根理论的多案例分析的质性研究方法，并结合 NVivo 软件进行数据分析，对高校创业教育生态系统及其影响要素进行探究。研究框架图如图 2.4 所示。

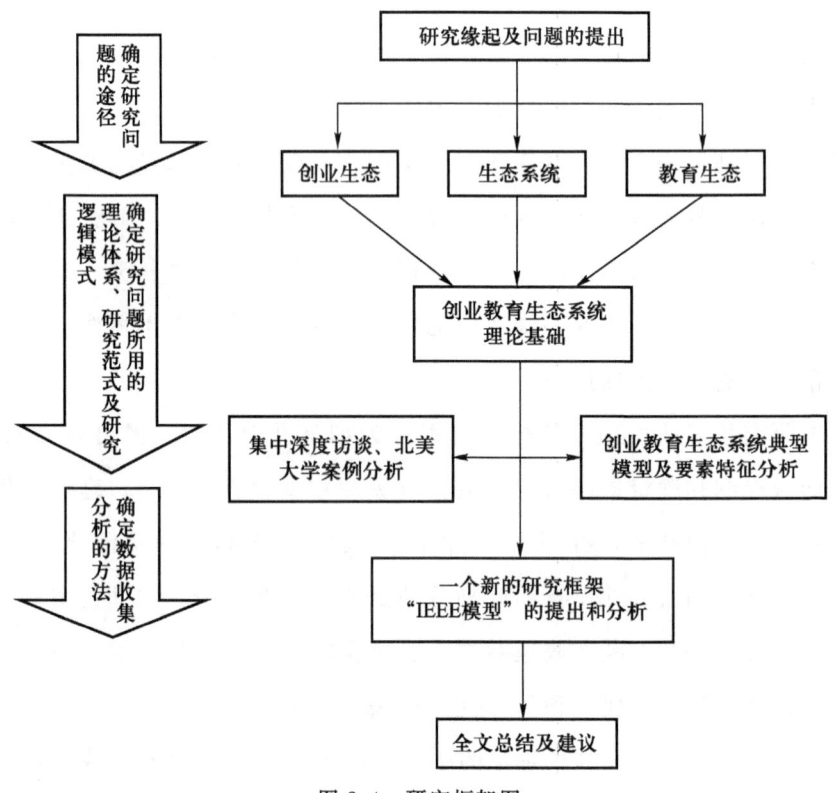

图 2.4 研究框架图

3. 数据收集和数据编码

(1) 数据收集

创业教育研究具有很强的实践性，除去研究前期进行大量的外文资料翻译、中文资料整理等文献分析工作，访谈调查不失为获得第一手资料的最佳数据收集方法。按照创新的表现形式和行为主体来划分，本研究的关注点是基于技术创新和高校创新的创业生态，其他如基于服务创新、金融创新、社会创新、企业创新等创业生态不在本研究范畴之内。所以在访谈对象的选取上，本研究将目标重点集中在教育管理机构、高等教育机构、创业孵化机构、投融资机构、世界五百强科技公司以及技术创新型初创公司。

本研究涉及的核心访谈对象，其职业身份分别为教育机构的管理者、大学负责创业教育的教授及科研人员、孵化器负责人、初创公司CEO、外企高管、公司技术工程师，以及投资人，访谈对象的范围基本覆盖了创业生态链中的每一个环节。访谈本着自愿参与和知情同意的原则，访谈前都将访谈邀请函和访谈提纲发给了受访者。

访谈形式为半结构化访谈以及邮件访谈，每人次时间为1~2个小时。后期将访谈录音资料进行了逐字逐句的转录，以保证此项研究的信度。转录完毕后，共获得累计约30万字的文本资料。在对资料的处理上为便于数据资料的保存、后期研究的查询，也为下一步数据导入NVivo软件进行数据编码做好准备，每份访谈文本都进行了编码。编码包括三方面的信息：访谈时间、组织代码、访谈序号。本研究数据收集方案流程图如图2.5所示。

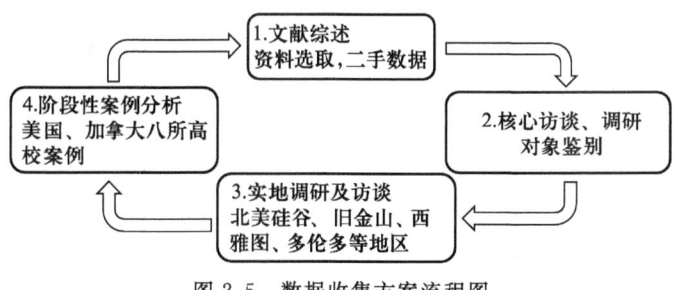

图2.5 数据收集方案流程图

（2）数据编码

数据编码是整个数据分析过程中最为重要的步骤之一。基于扎根理论的数据收集和数据编码是一个相互推动的过程。有效的调查研究是先进行收集数据工作，当工作进展到一半或三分之一的时候，同时对数据进行初步分析。甚至有时在数据收集工作一开始就进行分析工作。这两项工作同时进行的好处在于：第一，在数据编码的过程中生成相关的概念和假设，围绕这些概念和假设去进一步收集新资料；第二，在持续收集到有意义的新资料时，随时进行数据的分类、归档和导入，便于数据管理，也为下一步数据编码、分析做好准备。

本研究的数据收集和数据编码是随着访谈和调研工作的不断深入，同时逐步进行的，而并非一次性的单一线性过程。基于扎根理论的数据处理过程也是一个逐级编码的过程，包括开放式编码、轴心式编码和选择式编码，整个过程就是先分解再逐渐综合的三级编码过程。虽然三级编码在NVivo软件的分析流程中明确分为三个步骤，但本研究在实际应用中对数据的分析是反复比较且贯穿研究始终的。本研究共进行了如下三次数据编码工作：

首先进行的是第一级开放式编码。简单来说就是先将收集到的数据资料打散，然后通过定义现象来分类，对比现象进行不断比较分析从而归纳出能够描述现象的概念，再将归纳出的概念进一步范畴化。这个阶段研究者应该遵守的一个重要原则是：既什么都相信，又什么都不相信。

在NVivo软件中，此阶段就是整理自由节点的过程。在研究初期，选择中国和加拿大两国高校创业教育模式进行比较研究。因此，按照受访者使用的"本土概念"提取了诸如"产业""技术""创业""高校""孵化""专利""人力资本""风险投资基金"等自由节点，即按照"产业联络—技术转移—创业孵化"的维度将数据进行分类。所谓"本土概念"是受访对象自己使用的，表述自己最重要的观念、观点和意向等的概念。这些概念通常有自己的个性特色，与学术界或社会上一般人使用的概念不太一样（陈向明，2000）。由于本土概念往往表达了受访者最重要的观点，因此，有效地把握本土概念有利于厘清研究思路，并为下一步研究的开展提供线索，如图2.6所示。

其次进行的是第二级轴心式编码，即发现和建立类属之间以及类属和

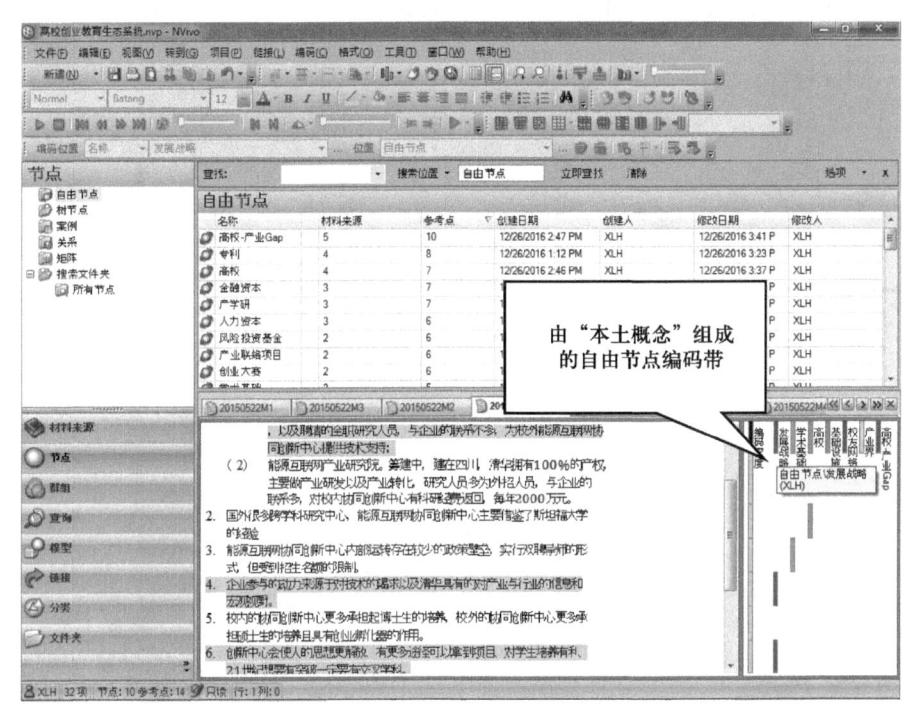

图 2.6　运用 NVivo 软件进行开放式编码示例

概念之间的相互关系。此阶段，研究者集中对一个类属进行深度分析，并围绕这一个类属寻找相关关系，因此称之为"轴心"（陈向明，2000）。在 NVivo 软件中，此阶段是在寻找到的类属与概念之间关系的基础上，将自由节点归属为树节点的过程。

在本研究随着研究范畴从创业教育模式的比较研究拓展到创业生态系统的分析研究、研究视野从加拿大扩大到北美地区后，第二级数据编码分析中从创业生态的角度出发，对重点要素进行了重组和归类。由于第一级编码已经对数据在自由节点时处理过一次，因此可以了解哪个节点涉及的信息比较多，通过统计自由节点在文本中的比例、数量（频次）和类属相关性建立树节点。经过上述分析后整理出六个树节点：发展战略、基础设施建设、多元化、学术、知识产权、资本。在每一个树节点下面又分别有相关的自由节点，比如在"基础设施建设"树节点下有相关的"创业产业集群、高校—产业 Gap、校友网络"等自由节点，如图 2.7 所示。

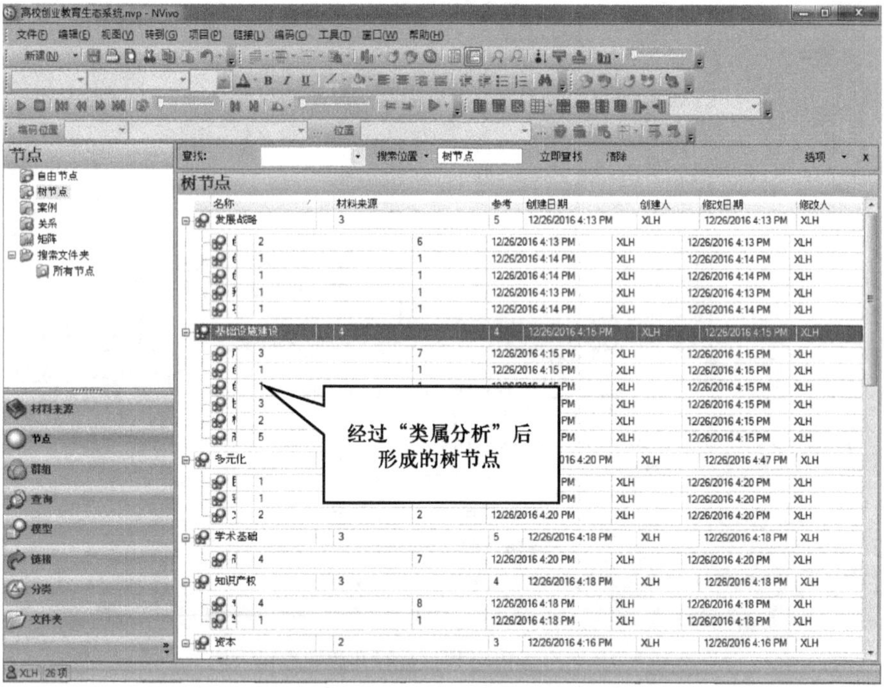

图 2.7　运用 NVivo 软件进行轴心式编码示例

最后进行的是第三级选择式编码。经过第二阶段的数据分析后，在所有已找到的概念类属中再选择一个"核心类属"，然后集中分析那些与该核心类属相关的码号（陈向明，2000）。在 NVivo 软件中，概念类属对应的是自由节点，核心类属则对应的是树节点。经过选择式编码后，相比于其他类属，核心类属应该具有概括性，能够将绝大多数的数据结果涵括在一个比较宽泛的理论范围之内。这个阶段笔者写的备忘录更多的是与核心类属理论整合密度相关的想法和分析，目的是检验理论的饱和度和完整性。核心类属确定以后，即为下一步进行理论建构奠定了方向。

因此，在第三轮编码阶段，本研究将上一轮编码整理出来的具有统领性的六个核心类属（即树节点）串起来，形成了以六个要素为核心的创业教育生态系统的主题及其关系结构，组成了初步的创业教育生态系统理论框架。在这个框架下对原始资料（用在数据编码中的文献回顾、访谈资料、实地调研和官网资料等质性数据）做了进一步的分析以后，形成了基于扎根理论的结论，即包含"六大要素"的高校创业教育生态系统建构理论，如图 2.8 所示。

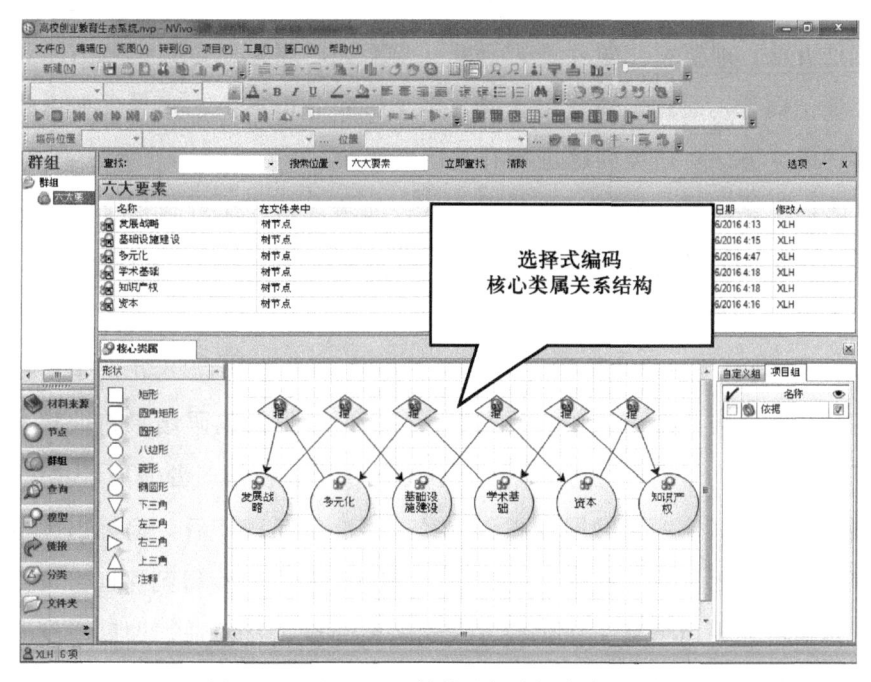

图 2.8　运用 NVivo 软件进行选择式编码示例

4. 研究效度与研究信度

在社会学研究领域，研究者一般要用"效度"和"信度"来衡量研究结果的有效性与可信度。质的研究中的有效性与可信度即是量化研究中所称的效度与信度。质的研究中的有效性与可信度所表达的关系是相对的，与量的研究中体现出的绝对"真实"的效度和信度有所不同。当我们表述"有效"或"可信"时，并不是说这一表述是对该研究现象唯一正确的表述，而是表明这一表述比其他表述更为合理（陈向明，2000）。

(1) 研究效度

效度即准确度。在质性研究中，效度是指研究是有效的或有依据的、确实的。研究者常采用三角互证法，即采用多种来源途径的资料对研究进行验证。其最大优点就是将从不同途径获得的资料进行相互印证，从而形成了一种互为论据的三角形。巴顿（Patton，2002）提出了四种类型的三角互证方法：即资料三角互证、研究三角互证、理论三角互证和方法论三角互证。即分别通过多种数据来源、多个研究分析人员、多维度研究视角和多种研究方法对研究问题进行有效性论证。

本研究采用的是资料三角互证方法，即将获得的多种数据来源通过多个受访对象之间的反复对比，对数据进行校正以保证研究的有效性。比如，在第一次进行集中访谈时，来自麻省理工学院的一位受访者多次提到了"影响"一词，用以表达麻省理工学院产业联络项目（ILP）在产学研中起到的"桥梁链接"作用。在对数据进行分析时，根据编码结果将此概念进行了类属归类。而当再进行下一次访谈时，又有多位访谈者使用了"影响"一词表达了对其他项目的同样感受。经过多次相互印证后，提炼出此概念归属的核心类属——"基础设施建设"。因此，研究效度得到保证。

本研究还采用了另一种典型方式对研究效度进行验证，即同时结合访谈与观察这两种方法进行。通过在访谈结果和观察结果之间进行比较，可以对访谈者所表述的内容与当地的实际情况之间进行相关验证。比如，在对加拿大瑞尔森大学进行实地调研时，被访者多次提到了"多元创业文化"一词。通过笔者在瑞尔森大学 DMZ 数字媒体空间孵化器的现场观察，无论是对初创公司团队成员还是对其创业项目成员来说，"多元化"的概念十分突出。而在用 NVivo 软件对访谈资料进行数据分析时，"容忍失败的创业文化"也成了一大类属。因此"多元化"的核心类属被提炼了出来。通过这种验证方式，研究的效度得到了保证。

(2) 研究信度

信度即可靠性。在质性研究中，信度指的是用完整一致的方法来产生值得相信的结果。这是一种品质控制的方法，即研究者是否照顾到研究进行的每一个步骤是很重要的。

本研究采用了同伴反馈法（peer feedback），即将得出的初步结论或相关数据资料呈献给不同受访者，将其反馈信息作为佐证以增加可信度。反馈结果为本研究提供了不同看问题的角度，从不同层面检验了研究的信度。比如，分析斯坦福大学和硅谷在创业生态系统中的关系时，研究者从反馈信息中得出了很多不一致的看法。为了确保研究的准确可信，研究者又回到了硅谷进行了第二次实地调研，从而保证了研究的可信度。

收集丰富的原始资料也是保证研究可信度的一种方式。质的研究中原始资料不仅包括访谈材料，还包括研究者本人在研究过程中所做的笔记和备忘录。本研究在进行访谈时均用录音笔记录了访谈内容，在整理记录时仔细反复地听录音后，再进一步将访谈内容转译成文字稿。同时，对原始资料中遇到的一些理论性问题也记录下来进行思考与求证，以丰富研究的可信度。

本 章 总 结

目前，创业教育生态系统研究还是一个相对比较新的领域。本章首先简要介绍了创业教育的发展历史。然后，分别从国际和国内对教育生态、创业生态和创业教育所做的研究进行了综述分析。

当前对创业教育生态系统研究的综合特征表现为：研究大多根据生态影响范围，由外到内从创业生态、教育生态、创业教育生态三种不同的视角进行探讨。上述研究特征的形成原因主要有三个方面：第一，高校创业教育生态系统的理论研究尚未形成一个系统框架；第二，创业教育生态系统领域的实证研究缺乏案例数据库的支撑；第三，随着创新创业在中国社会各个行业的不断深入，创业教育正逐步在高等教育机构开展，但在理论研究和实践应用之间还存在一定差距。

当然，目前的创业教育生态系统研究仍有许多可借鉴之处，例如，创业生态系统的模型建构方式，创业生态系统的生态因子分类以及高等教育国际化视角的研究，这些都为本研究拓展思路提供了积极的参考价值。

本章从理论阐释开始，对研究框架进行介绍以及介绍本研究是如何进行研究设计和数据分析的。研究设计包括：研究方法的采用、研究工具的选取以及研究思路的确立；数据分析包括：数据收集方法、数据编码过程以及三级编码示例；最后对研究效度及信度的处理进行了说明。

第三章

创业教育生态系统动力机制分析

我不会把时间花在高谈阔论概念性的事情上,我把时间花在解决工程和制造的问题上。

——埃隆·马斯克[①]

I don't spend my time pontificating about high-concept things; I spend my time solving engineering and manufacturing problems.

——Elon Musk

[①] 埃隆·马斯克（Elon Musk），Tesla、SpaceX、Neuralink、OpenAI、The Boring Co.、PayPal 等科技公司联合创始人。

第三章　创业教育生态系统动力机制分析

创业教育生态系统建构的最重要问题是解决动力机制和构成要素问题。所谓动力机制，是指创业教育生态系统的内部和外部的驱动力量；所谓构成要素，是指创业教育生态系统由哪些核心因素构成。本章首先从与创业教育直接相关的经典理论模型出发，重点分析创业生态系统的动力机制问题，包括宏观动力机制和微观动力机制。

一、宏观动力机制分析

1. 利益相关者互动——对亨利·埃茨科维兹三螺旋模型的分析

进入 20 世纪 90 年代，大学逐渐成为促进经济与社会发展的原动力，知识资本化与科研成果产业化开始被纳入大学的发展理念。随后，大学原创性知识产权转移、创业公司孵化、科技中介服务及风险投资等现象涌现。大学正从"科研"和"教学"使命之外延伸出"第三使命"——服务于经济和社会发展的职能（亨利·埃茨科维兹，1997）。

这就是亨利·埃茨科维兹所提出的"三螺旋"（Triple Helix）理论，即大学—产业—政府（University—Industry—Government）是知识经济社会内部创新制度环境的三大要素。勒特·雷德斯道夫（Loet Leydesdorff，1997）对此概念进行了发展，提出了该理论的模型图，如图 3.1 所示。

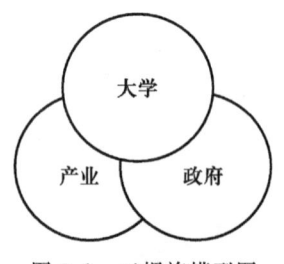

图 3.1　三螺旋模型图

随着世界各地大学走出"象牙塔"，走向创业范式，大学从最初教授知识的职能发展到后来传播知识以及使知识资本化的职能。通过产出社会资本、智力资本和人力资本，大学加大了其在促进社会发展中的基础性作用，从而成为现代社会的轴心机构（亨利·埃茨科维兹，2007）。三螺旋模型的主题包括大学技术转移和创业型大学、政府在创新实践中的最适作用、企业创新和创新型企业、风险资本、大学科技园和高技术开发区理论与实践等（周春彦 等，2011）。

另外，亨利·埃茨科维兹（2009）认为，大学经历了两次学术革命（见表3.1），目前大学正在向创业型大学转变。创业型大学在知识经济发展中的作用日益增强，表现为提供了"知识空间""共识空间"与"创新空间"。作为大学、产业、政府三者关系的一部分，大学扮演了关键角色。大学的作用分别为：① 提供了创新的种子；② 利用技术转移中心，发挥"产业"作用，推动成果产业化；③ 制定政策，通过制定宽松的政策鼓励教师学生创业。

表3.1 大学使命的拓展

教学	研究	创业
知识的储存和传播	第一次学术革命	第二次学术革命
新的使命产生 利益冲突	两项使命： 教学与研究	第三项使命：经济和 社会发展；旧使命继续

三螺旋理论以其试图揭示在国家和区域创新体系中出现的新结构，而获得了学术界的广泛关注，但也有不少学者发表了不同观点。2002年在哥本哈根召开的"三螺旋"年会上学者们提出，随着大学、政府、企业追求生产利益最大化，三螺旋框架已开始发生改变，应加入诸如劳动力、风险资本、公众等其他因素，作为第四螺旋，以抑制其单纯地追求利益最大化（马永斌，2010）。还有学者认为三螺旋模型就是简单的"官-产-学-研"合作研究，并认为该理论尚存有缺陷，如缺乏核心概念等问题，因此，在理论体系建构上略显空洞而不够深刻和丰满（蔡翔，2010）。

2. 总体全力协调——对伯顿·克拉克三角协调模型的分析

美国教育家伯顿·克拉克在其经典著作《高等教育系统：学术组织的跨国研究》(*The Higher Education System*: *Academic Organization in Cross-National Perspective*，1983) 中提出了由"国家权力""学术权威"和"市场"三个因子组成的高等教育系统"三角协调模型"，如图 3.2 所示。后来这一模型逐渐被普遍接受，并成了研究高等教育结构的方法论基础。

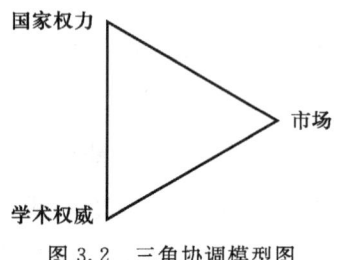

图 3.2 三角协调模型图

"三角协调模型"中的三个角分别代表了不同的含义："国家权力"代表了政府的集体意志，它通过法律、政策、拨款等形式对高等教育系统施加影响。"学术权威"代表了教授、专家等知识分子所形成的知识权威，它通过如学术委员会等正式组织或非正式渠道对教育发展产生影响。"市场"则代表了教育消费者的意愿和诉求，他们是高等教育的服务对象。伯顿·克拉克认为，高等教育的发展主要受这三种力量的整合影响，理想状态的模型应是三者处于三角鼎立的状态，既互相排斥又互相牵制。"三角协调模型"中的任何一角都具有相互冲突和互相依赖的特征，这也反映了三者之间的不同诉求与价值追求。

可以看出，伯顿·克拉克的模型分析是定性地和宏观地为研究政府、大学和社会之间的关系提供方法论的基础。在政府、大学和市场三者的相互作用下，高等教育系统处于动态的变化中，这为研究创业型经济和创业型大学与国家和社会之间的关系提供了重要参考；同时，也为本研究对创业教育生态系统的建构提供了一种研究思路。而针对创业型大学的研究，亨利·埃茨科维兹则从大学延伸出的"第三使命"视角出发，从另外一个角度论述了创业型大学与政府和产业三者之间的关系。

3. 跨区域集群——地区竞争优势、产业集群与技术集群

始建于20世纪50年代的"硅谷"，被世界公认为是领先的高科技创新创业中心。除了位于加州的硅谷，北美其他地区如波士顿的128号公路、北卡罗来纳州的研究三角、得克萨斯州的奥斯丁、科罗拉多州的博尔德、加拿大滑铁卢的科技三角等地区，都通过科技创业在促进地区经济发展上取得了一定的成功。创业生态系统的研究最早就出现在针对上述地区的区域性研究中，下面两个案例是以产业集群和社区中心为研究对象的区域创业生态系统模型。

（1）产业集群创业生态系统模型

内克等（Neck et al, 2004）在联合发布的文章《新创企业的创业系统观》中，首次提出了针对组成创业生态系统的多个交互部分的模型分析，分析它们对一个地区的产业集群发展的共同影响。此项研究在美国科罗拉多州博尔德市开展，针对产业集群中的技术初创企业做了半结构化访谈后进行了定性分析，以确定创业生态系统中的组成部分，这些组成部分包括孵化器、衍生公司、正式和非正式的网络、物理基础设施建设和社区文化五个要素。

（2）社区中心创业生态系统模型

加拿大维多利亚大学商学院的学者（2004）以加拿大不列颠哥伦比亚省维多利亚市的一个社区中心为研究对象，分析了创业生态系统对社区中心创新创业发展的可持续性。博伊德·科恩（Boyd Cohen）对照硅谷，将此项研究描述为创业生态系统在"可持续山谷"发展的适用性。他在其发布的文章《可持续山谷创业生态系统》中认为，创业生态系统包含12个基本要素：社交网络、非正式网络、正式社会网络、研究型大学、政府、专业的支撑服务、资本资源、人才库、大公司、科技园、基础设施建设、文化。

从上面两个案例可以看出，无论是产业集群还是社区中心，在其区域

创业生态系统中，教育机构在众多生态因子中所占比例较高（博尔德市创业生态系统的生态因子中，大学所占比例最高为73%；在可持续山谷创业生态系统中，含有研究型大学、人才库、科技园等高比例生态因子）。这些案例说明高等教育机构（可喻为生态因子）在一个地区产业集群（可喻为创业教育生态系统）的发展中具有"竞争优势"。

迈克尔·波特（Michael E. Porter，1990）在《国家竞争优势》一书中首次提出了产业集群的概念。从产业集群结构图中可以看出，由教育（高校）、培训、研发（国家实验室）等部门组成的支撑机构是产业集群中必不可少的组成部分，如图3.3所示。

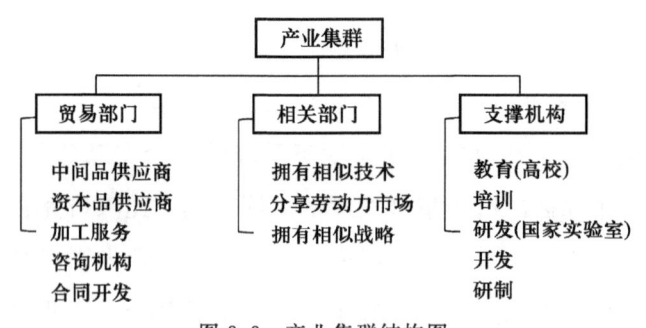

```
                        产业集群
          ┌───────────────┼───────────────┐
        贸易部门         相关部门        支撑机构
       中间品供应商    拥有相似技术     教育(高校)
       资本品供应商    分享劳动力市场   培训
       加工服务        拥有相似战略     研发(国家实验室)
       咨询机构                         开发
       合同开发                         研制
```

图 3.3　产业集群结构图

因此，拥有基于产业集群或社区中心的创业生态系统具有地区竞争优势，对区域经济发展具有重要的作用。不仅如此，除去依靠聚集经济成本优势的产业集群外，技术集群也是区域创业生态系统必不可少的要素之一。另外，与波特"钻石模型"类似，创业教育生态系统也是一个动态的系统，各个生态因子受内部因素和外部环境的影响在系统中动态流动。

4. 跨国家流动——本土化到国际化

全球创业观察（GEM）将创业企业所拥有的国外客户比重作为衡量企业国际化高低的指标。《全球创业观察2015年中国报告》显示，无论是在1%～25%之间的海外客户，还是25%以上的中国创业企业在成员国中排名均非常低。其主要因素是：中国经济总体平稳，国内市场总量大，能够有效吸收更多创业企业，创业者不需要或者无意拓展国际市场。当然，文化差异及创业企业所处的行业也是形成这种局面不可忽视的因素。但从长远来看，创业企业的国际化对于增强自身品牌乃至提高国家整体比较优势是有利的。

另外，根据《全球创业观察 2015 年中国报告》统计，从接受教育主体层面来看，中国接受过本科教育的创业者比例较低，在 18~24 岁的青年中，全球有 53% 的创业者获得本科学历，而中国这一数字仅为 24%；在 25~34 岁的青年中，全球有 46% 的创业者拥有本科学历，而中国这一数字为 34%。与全球其他地区相比，接受过创业教育的中国青年相对较少。87% 的中国青年没有接受过创业教育，而欧洲和美国等发达国家该比例为 68%。中国创业企业的"国际化"成分相对不足，严重影响了企业的可持续发展。不仅如此，"国际化"对创业教育还有如下影响。

（1）"国际化"已成为创业型经济的衡量指标

国际化程度已成为创业型经济的衡量指标。如前文所述，世界经济论坛《全球竞争力报告》根据人均 GDP 以及初级产品占出口份额的情况，把经济体分为三个层次：① 要素驱动经济体；② 效率驱动经济体；③ 创新驱动经济体。全球创业观察（GEM）在年度报告中采用了这种划分标准。2015—2016 年度全球报告结果显示，"创新驱动经济体"呈现的国际化水平最高，具体为要素驱动经济体为 6%，效率驱动经济体为 13%，创新驱动经济体为 20%，如图 3.4 所示。

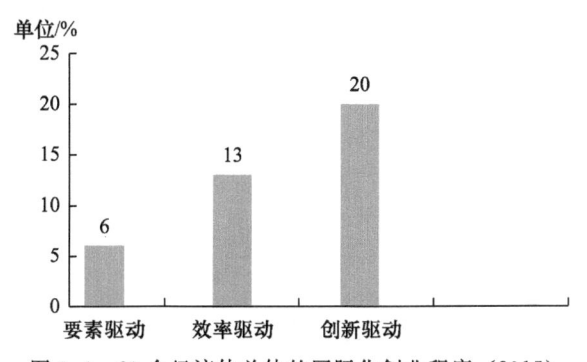

图 3.4　60 个经济体总体的国际化创业程度（2015）

(2)"国际化"已被纳入全球视野课程

乔治华盛顿大学创业卓越中心（George Washington University Center For Entrepreneurial Excellence）发布的《全国创业教育调查》报告总结了美国创业教育2012—2014年全国调查数据概况。报告预测了未来五年创业教育的六大趋势，其中包括社会创业、体验式教育、跨学科课程、商业模型、精益创业、全球视野课程。

(3)国际学生更倾向于创业

"麻省理工学院校友调查"（MIT Alumni Survey）结果显示，国际学生（在这里定义为非美国籍的个人）更倾向于创业，并且，他们更多的可能是连续创业者。国际学生创办的公司表现出较低的失败率，实现成功退出的可能性也较低，如表3.2所示。调查还显示，美国学生创办的公司中有94%位于美国，而由国际学生创办的公司只有45%在美国。这些差异对以科学、技术、工程和数学（STEM）为重点学科的移民政策以及美国高等教育的接受者具有重要的政策影响。

表3.2 MIT校友创业情况（1940—2014）

类别名称	国际学生	美国学生
创业比率	26%	24%
连续创业率	44%	35%
MIT校友占比	37%	63%
MIT校友创业者占比	38%	62%
MIT校友创建的公司比例	41%	59%
创业结果		
成功退出	9%	11%
上市	2%	2%
收购	7%	9%
失败	28%	37%
收购，关闭	8%	12%
关闭	20%	25%
至今私有控股	63%	52%

二、微观动力机制分析

1. 商业创新驱动——从 MBA 到创业者

创业教育最初起源于商学院（Business School）的企业管理教育，以培养职业经理人为目标的商学院在实施创业教育时，因受其所擅长的管理与经济学科影响，过于聚焦工商管理等课程，而逊于对科技创新能力的培育，本研究将其称为"M2E"模式（from MBA to Entrepreneur，从 MBA 到创业者）。

商学院模式的创业教育侧重于对创业案例的分析与讨论，课程设置大多基于传统的工商管理课程，以商业计划书撰写、商业模式识别、市场营销、技术创新与竞争优势、战略技术与创业、财务管理与公司治理等为主，并邀请创业公司创始人及风险投资人在课堂上分享创业经验和金融知识等。美国的哈佛大学、斯坦福大学、麻省理工学院、加州大学等高校实施的以商学院为主导的创业教育最具代表性，本章将在案例分析小节中重点介绍。

随着创业型经济时代的到来，创业教育市场也得以快速发展。美国研究生入学管理委员会（Graduate Management Admission Council，GMAC）2015 年发布的一份针对全球商学院学生的调查报告显示，28% 的受访者表示他们毕业后计划自主创业，而这一比例在 5 年前（2010）仅为 19%。从图 3.5 中可以看出，立志创业者的数量在五年中呈上升趋势，而将传统的 MBA 教育作为职业强化的学生数量则呈下降趋势。

2. 技术创新驱动——从工程师到创业者

与传统商学院的案例教学模式有所不同，工程学院（Engineering School）的创业教育更侧重于创业项目的工程实践性。以工程学院为主导的创业教育在技术创新的基础上，赋予了更多的商业技能培训，本研究将其称为"E2E"模式（from Engineer to Entrepreneur，从工程师到创业者）。

图 3.5　职业目标调查

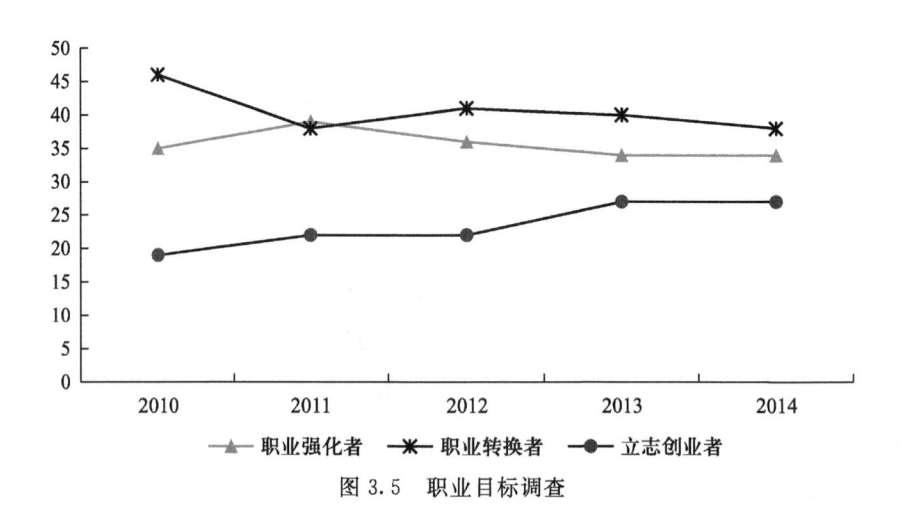

相比普通的贸易或基于服务的创业，基于技术创新的创业或称为技术创业者在市场上变得越来越有吸引力。最新实证研究表明，技术创新创业对经济增长的影响越来越大。美国一直强调创业是驱动创新的手段，也强调需加强 STEM（Science，Technology，Engineering，Mathematic）教育。美国国会所提出的创新发展战略要求在高增长和以创新为基础的创业上而非简单的贸易上增加投资，以此来拉动美国经济增长（国家经济委员会 National Economic Council，2011）。另据一项由美国工程教育学会（American Society For Engineering Education）的调查显示，50%的教师和管理者表示，创业教育对工程专业本科生来说很重要。

位于斯坦福大学的"国家工程途径创新中心"（The National Center for Engineering Pathways to Innovation，Epicenter）的最大特色就是基于 STEM 的创业教育。在斯坦福大学进行实地调研时，受访者向我们介绍了 Epicenter 的情况。

斯坦福大学的 Epicenter 成立于 2011 年，是一个由美国国家科学基金会资助的创业教育中心。该中心为工程专业本科学生提供创业教育项目，为他们在学术界和政府之间搭建合作伙伴关系，以寻求共建国家工程创业项目的机会。中心同时还开展高等教育研究，实施在线课程，以期最终形成一个围绕高等工程教育的创业教育中心，如图3.6所示。

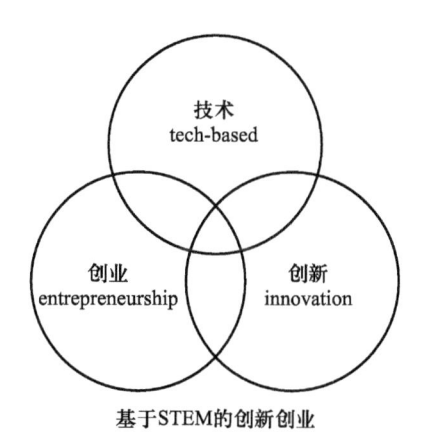

图3.6 Epicenter基于STEM的创业教育模式

工程学院创业教育的最大特点就是创业项目的实践性，这一特点在加拿大高校中最为突出。加拿大高校创业教育最初也是在商学院中开展，而目前工程学院开设创业教育课程的比例则越来越高。其中以实施高等工程教育著称的滑铁卢大学、麦克马斯特大学、瑞尔森大学实施的以工程学院为主导的创业教育最具代表性。

3. 学科交叉驱动——欧林三角形

随着越来越多的高校实施创新创业教育，创业教育不再只局限于在商学院和工程学院中开展。从创新创业教育的发展趋势来看，高校创业教育已开始将不同学科背景的学生进行交叉融合、相互渗透，为"另类"创新思维提供相互碰撞的机会。

美国巴布森学院与欧林学院（Olin College）[①] 的结合，就是将创业教育融合于商学院和工程学院的典型代表，被称为"欧林三角形"（The Olin

---

① 欧林学院全称为富兰克林欧林工程学院（Franklin W. Olin College of Engineering 或 Olin College），建于1997年，是一所位于美国马萨诸塞州的私立工程学院。欧林学院以其小规模、基于项目合作的课程而著称。欧林学院的优势学科为工程教育（Engineering Education）专业，于2007年8月通过了美国工程协会ABET认证。

Triangle），如图 3.7 所示。

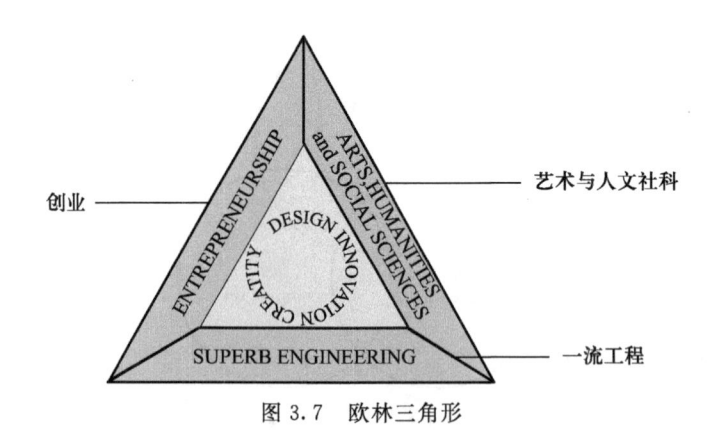

图 3.7　欧林三角形

如图 3.7 所示，"欧林三角形"模式最大的特色就是学科交叉，即将一流工程、艺术与人文社科、创业专业交叉融合。学生不仅学习传统的工程、数学和物理等工程类课程，还学习人文社科类课程，例如科技历史、艺术等，在此基础上结合创业教育，探索这三种类型课程之间的关系，为科技人文创业做好准备。

作为传统意义上的工程学院，欧林学院始终保持着对实用教育的重视。与传统的"先理论后实践"的学校不同，欧林学院不仅教授基础知识概念，更注重将课堂知识和实践课题相结合。随着"欧林三角形"教育模式的开展，自主创业成了许多学生的目标。

"欧林三角形"模式不仅提升商学院学生和教师的技术创业水平、工程学院学生和教师的艺术创业素养，还激发师生理解和参与创业的过程。巴布森学院通过其创新的本科课程授予商科学士学位，通过欧林商学院授予 MBA 学位。欧林工程学院通过创新的工程教育，架起科技、企业与社会之间的桥梁。

4. 磁铁与辐射——商学院主导与多元系扩散

"磁铁式模型"和"辐射式模型"的创业教育

德博拉·斯特里特，约翰·雅克塔，凯瑟琳·霍维斯（2002）发表的文章《大学创业教育：替代模型及当前趋势》中通过对大学创业教育趋势的分析，提出了大学创业教育的两种模型：磁铁式模型和辐射式模型，如图3.8所示。磁铁式模型就是以商学院为主导的创业教育模式，比较典型的如麻省理工学院的斯隆管理学院；辐射式模型就是以非商学院的其他院系为主导的创业教育模式，关注的是非商务专业背景的学生，比较典型的实例如康奈尔大学的9个学院。

文章分析，磁铁式模型和辐射式模型在实施动力、教育经费以及所带来的利益等方面都存在差异。虽然辐射式模型（呈发散状态）对学生、家长、校友等都有吸引力，但实施难度比较大；尽管磁铁式模型（呈聚焦状态）易于实施，但长远看它可能导致一种冲突，因为学生及捐赠者的流动性而有可能导致利益不能全校分享。

马柳斯·普雷托里舍斯（Marius Pretorius），吉德·尼曼（Gideon Nieman），朱里·武伦（Jurie van Vuuren）（2010）在文章《两种创业教育模型的批判性评价》中，通过对两种创业教育模型的比较研究，提出了另一种整合改进模型。文章指出，当前的创业发展被看作催生新兴企业、促进经济增长与发展的核心因素，创业者的培养在很大程度上需要依赖高校创业教育模式的创新与发展。

磁铁式模型　　　　　辐射式模型

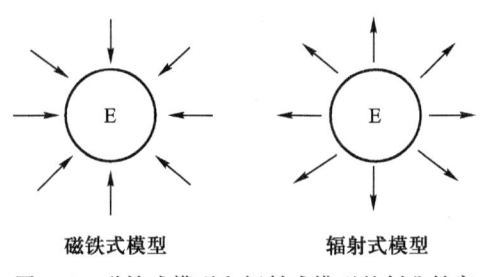

图3.8　磁铁式模型和辐射式模型的创业教育

5. 产学合作驱动——园区主导与大学主导

(1)"自下而上"型和"自上而下"型的创业教育

鲁思·格雷厄姆（Ruth Graham）（2014）认为，建立一个基于大学的创业生态系统（University-based Entrepreneurial Ecosystems，U-BEE）的必要维度是治理、创新、基础设施建设和文化。基于大学的创业生态系统包含多个层面：个体层面（学生、教师、职员、实践者、管理者），组群层面（教师、学生），组织层面（孵化器，中心），活动和利益相关者层面（政府、政策制定者、行业、出资人）。U-BEE 将创业教育分为以下两种模式。

模式 1：以园区为主导的"自下而上"型

此模式是典型的由大学"草根"驱动的、具有包容性的生态系统。创业社区与大学之间建立了强有力的信任伙伴关系，通过学生、校友和创业者的创业带动本地劳动力就业，刺激区域经济增长，"是一个充满活力的本地化创业生态系统"。此模式以区域投资为主，并不关注教育能力，将发展更为广泛的创业生态系统视作次要目标。因此，此模式往往会容易忽视高校知识产权所有权的重要性和高校与初创公司的从属关系。

模式 2：以大学为主导的"自上而下"型

此模型是由创新创业驱动，通过技术转让办公室来实现大学将科研成果商品化的生态系统。此模式是建立在大学的科研优势上，提供了一个强大的完全制度化的方法。此模式认为，大学的创新创业政策和技术转让办公室的关系紧密。这就导致了一种这样的文化：只有受大学保护的知识产权才被视为是有价值的。其结果就是，学生、校友和区域创业社区往往会被边缘化。

（2）跨校园创业教育模式

杰尔姆·卡茨（Jerome Katz）、约瑟夫·罗伯茨（Joseph Roberts）、罗伯特·斯特罗姆（Robert Strom）（2013）通过调研欧洲和北美高校创业教育的发展历史，总结出了推动"跨校园创业教育"（Cross Campus Entrepreneurship Education，CCEE）发展的三个驱动力：创业型职业、创业型就业和创业型大学，并针对"跨校园创业教育"总结出下面五种创业教育模型：① 集中式（单一学科的）；② 协同式（两个或多个学科协调的）；

③ 磁铁式（以一个校园为一个中心位置的）；④ 辐射式（从一个校园内向外分配资源的）；⑤ 混合式。CCEE 是一个跨学科创业教育理念的具体应用，其兼容了几个不同的创业概念，如严格遵循自雇概念的创业，寻求机会的创业以及基于资源模型的定义。

6. 教学规律驱动——基于生命周期的进阶

创业教育不仅应遵循商业规律，还应按照一定的教学模式并围绕以学生为中心的教学规律开展教学。教学模式是"反映特定教学理论逻辑轮廓的、为保持某种教学任务的相对稳定而具体的教学活动结构"（顾明远，1990）。创业教育作为一种新的教学活动结构，正逐渐成为目前中国经济发展转型时期高等教育发展的重要趋势。了解创业教育教学模式的类型及其发展规律，对于提高创业教育教学质量具有重要意义。由于中国创业教育正处于起步阶段，中国高校在培养创新创业人才的数量和质量上尚未能满足社会发展的需要，在创业教育教学模式以及创业教育理论研究等方面也一直缓慢前行。因此，有必要对国际上成熟的创业教育教学模式进行探究。

（1）商学院的创业教育教学模式分析

澳大利亚学者凯文·欣德尔（Kevin Hindle，2004）根据现实商业环境和高校与外部的联系，设计了以创业教育为圆心的创业教育教学模式的同心圆模型，如图 3.9 所示。作为"象牙塔"内创业教育计划开发的重要组成部分，同心圆模型的最外层是"网络""联盟""导师"和"校友"四个要素，体现出了创业者、风险投资和所有相关参与者的紧密联系。次外层是具体的创业教育课程，从课程名称上看基本还是延续了传统商学院 MBA 的课程体系，最内层则是"商业计划"要素。这种环形模式不仅将创业与外界联系起来，同时也实现了不同学科的融合。这反映了创业教育开放性、包容性的特质，是创业教育成功实施的重要保障（徐小洲 等，2014）。

虽然此同心圆模型在课程设置上基本体现了创业课程与其他课程之间的关联性与融合性，形成了一个能"嵌入"现有课程体系的创业课程群

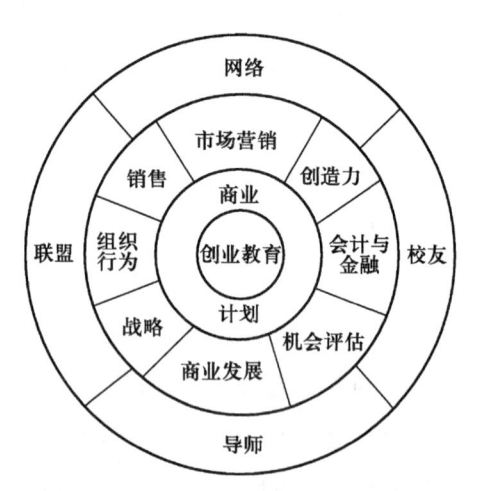

图 3.9　商学院的创业教育教学模式同心圆模型

（茹宁，沈亚平，2013）。但是，从模型各元素之间的关联性上可以看出，此模型缺乏知识授予的进阶性和连贯性，忽略了知识教育本身所具有的逻辑性。捷克教育家夸美纽斯（1632）在其著作《大教学论》中提出的"循序渐进原则"表明，秩序存在于自然界和人类的一切活动之中，教学必须循序渐进、系统地进行。教学之所以要循序、系统、连贯地进行，一是因为科学知识本身具有内在的逻辑联系，二是人的认知活动遵循由已知导向新知的顺序。教学如果不遵循科学逻辑系统的系统性、连贯性，不按照科学知识本身的顺序进行，学生就只能获得一些零碎片段的知识，而无法形成一个完整的知识体系。教育应以人为本，创业教育更应以创业主体的学生创业者为本。因此，在教学模式设计上不仅要结合商业创业发展的客观规律，还应符合创业人才能力培养的教学规律。

（2）整合的创业教育教学模式

英国学者艾利森·普赖斯（Alison Price）将创业者创业意识的提升与创业技能的培养两方面的教育需求进行了整合，形成了一个综合个人要素特性和商业创业发展过程的教育方式，称为"MARI 模型＋SESM 模型整合的创业教育教学模式"（见表 3.3）。MARI（Motivation, Abilities,

Ideas, Resources)模型提炼了创业者所需的六项个人要素：① 动机和信心；② 能力和技能；③ 想法；④ 资源；⑤ 战略；⑥ 规划和运营。SESM (Supporting Entrepreneurial Skills Matrix) 模型概述了商业创业七个阶段（A~G）的逻辑发展过程：A. 创业想法；B. 被证实可行的想法；C. 创业计划和改进；D. 准备创业；E. 企业成长；F. 成熟；G. 退出策略。将这两个模式相结合就对创业不同阶段所需技能有了全面认识，将这种认识放在学科或课题中心的背景下，就研发出培养创业技能的教学策略。在两个模式框架内所开发的课程表明了在创业过程中需要不断提高的技能领域（牛长松，2008）。

表 3.3　MARI 模型＋SESM 模型整合模式

个人要素 创业发展	①动机和信心	②能力和技能	③想法	④资源	⑤战略	⑥规划和运营
A. 创业想法	引发创业	想法形成	市场空缺	资源	策略形成	形成想法的技能
B. 被证实可行的想法	驱动力	自我认知	弹性化学习	市场信息	市场分割	技巧
C. 创业计划和改进	个人动机	规划技能	市场分析	职业预期	策略开发	商业计划
D. 准备创业	个人需求	商议	沟通策略	利用专业资源	创业行销	实用性
E. 企业成长	个人需求 商业需求	管理技能	市场分析	构建团队	战略性成长	五年商业规划
F. 成熟	需求发展	管理技能	市场分析和发展	安置员工	策略及多样化	基准
G. 退出策略	个人需求	管理和交流技能	退出选择	外部网络	退出选择	退出选择

在表 3.3"MARI 模型＋SESM 模型整合模式"所示的矩阵中，A①~D⑥是初创企业发展过程，E①~F⑥是企业成长过程，G①~G⑥是退出策略过程。这种整合模式不仅直观地体现出初创企业不同发展阶段和创业者所需相应技能培养之间的内在联系和逻辑关系，这种从创业点子到退出策

略的创业意识培养、从个人动机到战略规划的创业能力提升的发展过程，也完全符合商业生态系统生命周期理论。

(3) 基于生命周期理论的创业教育教学模式分析

① 商业生态系统生命周期理论

"商业生态系统"（Business Ecosystem）的概念是由詹姆斯·摩尔（James Moore）于1993年首次提出。所谓商业生态系统，是指以组织和个人（商业世界中的有机体）的相互作用为基础的经济联合体，是供应商、生产商、销售商、市场中介、投资商、政府、消费者等以生产商品和提供服务为中心组成的群体。这个群体在同一个商业环境中担当着不同的功能，各司其职，但又相互依赖、互依、共生。在这样的商业生态系统中，虽有不同的利益驱动，但身在其中的组织和个人互利共存、资源共享，共同维持系统的延续和发展。商业生态系统是一个互相依赖的经济群体，包括企业、行业协会、研究机构、政府等利益相关者。这些利益相关者就好像自然生态系统中的生态因子一样，具有生命周期特性。因此，詹姆斯·摩尔随后又提出了商业生态系统"生命周期理论"。

詹姆斯·摩尔将商业生态系统的生命周期分为四个阶段：开拓、扩展、领导、更新。第一阶段是开拓生态系统，利益相关者汇集各种能力创造关键的产品。第二阶段是生态系统的扩展阶段，利益相关者从协作关系的核心开始，在所开发的市场中建立核心团体。第三阶段是对生态系统的领导，利益相关者必须为生态系统整体发展作出贡献，这样才能保持生态系统中的权威性。第四阶段是生态系统中生态因子的自我更新或死亡。由此可见，商业生态系统生命周期理论具有类似自然界生物种类的循序渐进特性。随着以创新创业为主导的创业生态体系的不断形成，高校创业教育在创业型经济发展中的作用越来越重要，中外学者们开始将商业生态系统生命周期理论引入到对创业教育的研究当中。

② 基于生命周期理论的创业教育教学模式

中国学者石秀丽等（2012）在对比分析中美创业教育现状的基础上，

提出了我国高校创业教育的产学研结合模式——生命周期模式。研究认为创业教育的产品是"创业知识、创业技能、创业实践和创业精神",创业教育产品的形成、发展过程是层层递进、动态影响的过程,符合"生命周期"理论。因此,将创业教育分为培育期、导入期、提升期和实践期四个基本阶段,如图3.10所示。

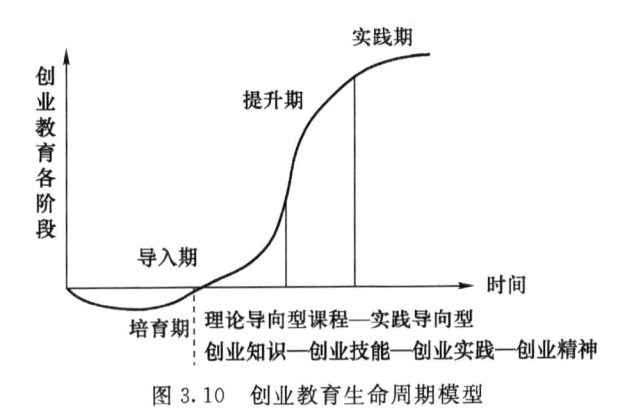

图 3.10 创业教育生命周期模型

欧洲学者戴维等（Toddy Davey et al, 2016）分析了高校在创业教育的角色,基于生命周期理论将高校创业教育分为了四个阶段:第一阶段是创业意识教育,即注重提高创业动机,提高将创业作为未来考虑的人群数量;第二阶段是创业教育,即提供创业能力和行为的普及教育,包括软技能和硬技能的基础课程;第三阶段是创业前的教育,即提供实际的帮助和培训,涉及正式和非正式的创业课程;第四阶段是创业中的教育,即对于那些已经开展业务的创业者提供持续的创业教育。图3.11从创业教育发展战略的角度总结了高校在创业教育发展的四个阶段中所扮演的角色,纵坐标显示了从创业教育需求到创业教育供给的发展过程,横坐标显示了创业教育从前期、早期、初创期到运营期的发展过程。

无论是从创业教育的产学研结合角度,还是创业教育的供需结构角度,创业的特性决定了其教学模式必须要遵循系统的、连贯的循序渐进原则。初创企业在其发展周期的不同阶段具有不同的发展特征,创业教

图 3.11 创业教育的四个阶段

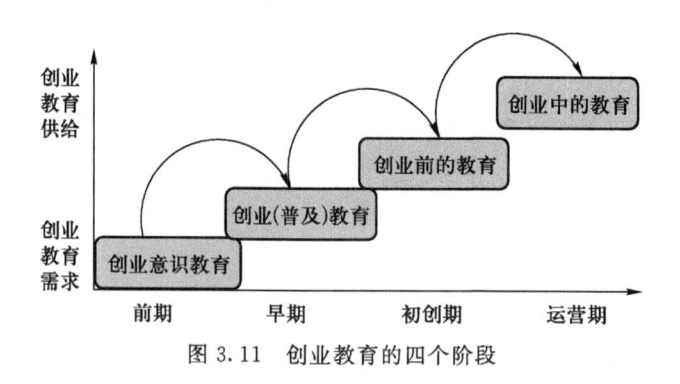

育必须要结合创业自身发展规律和创业者能力培养规律，分层次、分阶段地开展。

（4）进阶式的创业教育教学模式

基于上述模型分析，高校创业教育一方面应符合商业创业的本质特征；另一方面要结合创业者个人素养的培育。不仅如此，高校创业教育还需注重知识教育本身所具有的连贯性和逻辑性。因此，本研究基于生命周期理论，提出一种四阶段的进阶式高校创业教育教学模式。此模式不仅遵循了生命周期理论的循序渐进原则，充分体现了知识授予和能力培养的系统性和进阶性，同时还明确了各个阶段的教学目标和教学对象，以保证教育的有效性。

第一阶段：普及阶段（创业意识＋信心培养）。创业意识是指在创业实践活动中对创业者起动力作用的个性意识倾向，它包括创业需求、动机、兴趣、理想和信念等要素。创业意识支配着创业者对创业活动的态度和行为，具有较强的选择性和能动性，是创业者个人素质的重要组成部分。此阶段的主要教学目标一方面是对学生进行通识创业教育，提高潜在创业者的创业意识；另一方面是培养潜在创业者的信心，发掘其创业动机，树立其创业理想。教学对象主要是低年级的本科生和研究生。

第二阶段：早期阶段（创业思维＋点子提炼）。思维是探索与发现事物的内部本质联系和规律性的大脑反应过程。创业思维是创业者在基于自身知识结构基础上积极训练自己的心智操作过程,并结合自己的创业点子而形成倾向于创新创业的特定思维模式。此阶段的主要教学目标是在提供创业基础课程的同时,培养创业思维和观念,发掘创业点子和想法。这一阶段开始增加技术导师,以帮助创业者将创业概念转化为产品原型,为下一步创业产品的形成做好准备。教学对象主要是针对高年级的本科生和研究生。

第三阶段:启动阶段(创业能力+资源整合)。创业能力是保证创业者能够顺利实现创业目标的所有知识和技能的总成,它是在创业实践中体现出来的影响创业实践活动效率、促进创业实践活动顺利进行的主要条件。资源整合意味着此阶段创业团队的组建和商业模式的形成。此阶段的主要教学目标是对前两个阶段教学成果的检验,对创业项目进行筛选。这一阶段开始增加创业导师,创业教育开始正式进入创业孵化阶段。教学对象主要是针对真正想进行创业的本科生和研究生。

第四阶段:成熟阶段(创业效能+战略规划)。创业效能是学者运用社会认知理论对创业领域进行的研究,是自我效能感概念在创业领域中的具体应用。将创业效能感定义为个体能够成功扮演创业者角色和完成创业任务的信念强度。此阶段的主要教学目标是对创业者在创业活动时进行自身能力的评估,包括对自身完成创业任务自信程度的判断,以及他们对创业战略的规划。此阶段是为那些已经开展业务的创业者提供持续的创业教育,这也标志着初创企业开始进入正式运营期。教学对象主要是已经开始进行创业的本科生和研究生。

需要明确指出的是:① 四阶段的进阶式高校创业教育教学模式的受众范围覆盖了高校一年级本科生到高年级研究生的所有学生,保证了学生全面接受创业教育的机会;② 四阶段的进阶式高校创业教育教学模式属于模块化教学,各个阶段之间既有联系又相对独立,创业者可以根据自身情况或创业项目的成熟度挑选适合的阶段参加学习;③ 在具体的课程体系设置和教学方法设计以及创业活动如创业案例研究、创业团队模拟、商业计划竞赛、创业大赛、导师计划等方面，高校应按照创业教育不同阶段的特点，科学合理地安排，循序渐进地实施。

本 章 总 结

本章重点分析了创业教育生态系统的动力机制问题，首先对两个经典的高等教育发展结构模型进行了宏观动力机制的分析。伯顿·克拉克的"三角协调模型"是基于整体性原则和动态原则，以"知识"为出发点，以"工作""信念""权力"三个基本要素为分析范畴而展开的逻辑体系，然后分析三个要素之间的关系。亨利·埃茨科维兹的"三螺旋模型"揭示了大学-产业-政府三者之间创新与可持续发展协同的重要性，并提出了创业型大学在服务社会中的作用。从模型建构的角度来看，这两种三角模型框架为本研究深刻理解高等教育系统在政府和市场之间的关系提供了研究思路上的借鉴。

针对本研究的焦点——创业教育生态系统建构，无论是"三角协调模型"还是"三螺旋模型"，其模型框架主要是对政府、大学和社会三者之间关系的研究，虽然其论述中也涉及创业型大学，但并未对高等教育系统内部结构做更深层次的探究；而上述几种典型的创业生态系统模式突出强调的则是其特征要素，也未形成一个清晰的模型框架。因此，有必要"发展出一个新的分析模型"，有必要"建构起通用型框架"（伯顿·克拉克，1983）。

然后又从区域、国家、国际化的角度进行了宏观分析。随着经济全球化的发展，国际化已经成为教育发展的一种全球性趋势。它不仅仅是一种教育理念，更是一种在全球范围内展开的教育实践活动。中国初创企业的国际化比例不高严重影响了其可持续发展，这离不开初创企业在成立之初时，开拓创业者国际化的视野。因此，有必要加强高校创业教育的国际化。

本章总结

  从最初以商学院为主导的创业教育发展模式，到以工程学院为主导的创业教育发展模式，再到目前创业教育在高等教育机构的全面实施，显示出创业教育已得到社会的普遍接受和广泛认可。而从微观动力机制分析中可以看出，创业教育越来越倾向于学科交叉的混合模式发展。

  基于自然生态系统思想建立起来的创业教育生态系统，应既有自然生态系统的生态特征，也有商业系统的创业特征，同时还应有高等教育系统的教育特性。因此，在教学规律驱动下，创业教育应按照一定的生命周期发展规律分阶段进行。

  对创业教育生态系统建构的动力机制有所了解后，第 4 章将对创业教育生态系统的内部要素构成进行分析。

第四章

创业教育生态系统要素构成分析

创业就是去做,而不是学着去做。

——盖伊·川崎①

Entrepreneurship is about doing, not learning to do.

——Guy Kawasaki

---

① 盖伊·川崎(Guy Kawasaki),企业家、风险投资人,曾任苹果公司首席宣传官,著有《创业的艺术》等书。

创业教育生态系统建构的最重要问题是解决动力机制和构成要素问题。所谓动力机制，是指创业教育生态的内部和外部的驱动力量。所谓构成要素，是指创业教育生态系统由哪些核心因素构成。第3章重点分析了创业教育生态系统的动力机制问题，包括宏观动力机制和微观动力机制。

本章则深入到创业教育生态系统的内部，分析各经典理论模型所包含的要素，对要素进行整合分析，探讨其优势，分析其不足，为提出新的创业教育生态系统模型提供坚实的理论基础。

一、创业教育生态系统的"六维八柱"

1. "六维"式创业教育生态系统构成要素

丹尼尔·伊森伯格（Daniel Isenberg，2011）分别从政策、市场、资金、文化、人力资本、支持六个维度分析了创业生态系统的影响因素，其中包括具体的50个特定影响因子。

① 政策：包括相关机构的设立，如投资机构、支撑机构；政府资金的支持，如企业研发启动资金；激励政策的推出，如税收优惠；法律法规的完善，如破产保护、合同、财产权以及劳动力方面的法律完善和执行等。

② 市场：市场是创业生态系统的基础，通过市场可以感知用户对产品的接受程度，获取产品细分的经验以及顾客群体、渠道等这些与市场客户相关的信息，同时创业者网络、企业网络等的构建也离不开市场这一中介。

③ 资金：资金对初创业来说犹如进入市场的"弹药"，充足的资金可以使产品或服务迅速占领市场"高地"，良好的融资渠道则保证了创业生态系统的正常运转。

④ 文化：良好的创业文化氛围是保持创业生态系统健康长久发展的保障，容易激发创业者对成功的渴望、对失败的容忍，从而促进创业生态系统的可持续发展。

⑤ 人力资本：简而言之是指创业者所具有的知识、技能、智力和体力等的综合质量因素。因其是创业活动的主要实施者，因此在创业生态系统中处于重要地位。

⑥ 支持：此处的支持是指除上述 5 个方面以外，创业生态系统所需的其他方面的支持。其中包括政府机构、非政府机构以及基础设施建设等。基础设施建设则包括如孵化器、创业加速器、非营利创业培训机构以及创业协会等。

2. "八柱"式创业教育生态系统构成要素

世界经济论坛则将创业生态系统的研究范围扩大到了全球。其联合斯坦福大学、安永会计师事务所等机构对全世界 23 个国家的 43 个初创公司的 1 000 多位创业者进行了在线调查问卷后，在 2014 年发布了《全球创业生态系统和早期公司增长动力》的研究报告。报告中将创业生态系统分为八个支柱要素（见图 4.1），即开放的市场、人力资本、融资和金融、导师顾问等支撑体系、政府和监管框架、教育和培训、作为催化剂的大学、文化支持。报告分析认为前三个要素：开放的市场、人力资本、融资和金融是创业者们认为的对企业成长最为重要的要素。

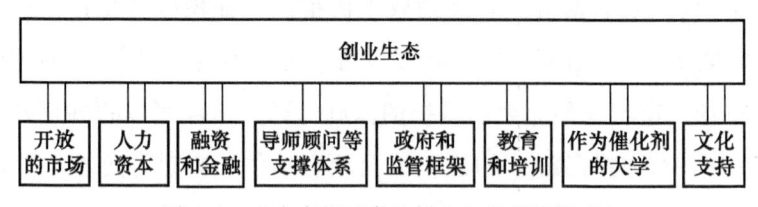

图 4.1　八个支柱要素的创业生态系统模型

二、创业生态系统的特征分析

1. 丹尼尔·伊森伯格创业生态系统特征

丹尼尔·伊森伯格（2011）在提出六个维度的创业生态系统的同时，

描述了其所具有的四个典型特征。他认为，这些特征构成了一种新的、具有成本效益的、刺激经济繁荣的创业生态系统发展战略。这个发展战略是成功部署集群策略、创新系统、知识经济或国家竞争政策的先决条件。

特征一：具有六个维度的创业生态系统。

特征二：每个创业生态系统是与众不同的。

虽然任何一个组织的创业生态系统都可以用这六个维度去描述，但每个生态系统都是基于上百个元素相互作用而生成的与众不同的结果。例如，20世纪70年代的以色列创业生态系统没有涉及自然资源和军事的必要性，其产品也远离市场。80年代的爱尔兰生态系统因只针对欧洲市场，所以没有教育、本土英语、外国跨国公司等因素。

特征三：创业生态系统的根源具有有限的实用价值。

有证据表明，教育、监管和法律框架以及资本市场确实在一定程度上影响着创业水平。但影响较弱，且一般是在一个很长的时间范围内。

特征四：创业生态系统具有相对的自我持续性。

因为成功孕育着成功，所以成功可以反哺回来提高这六个维度的创业生态系统。这六个维度是相辅相成的，一旦足够强大就无需额外投入太多。一个创业生态系统的建立，其可持续发展的环境至关重要。

丹尼尔·伊森伯格（2011）最后提出了一个问题：企业家是天生的还是后天培养的？对于创业生态系统也可以提同样的问题：即它是自然生态进化形成的还是人工智能设计的？丹尼尔·伊森伯格认为，在正确理解了创业生态系统后，我们可以得到这样一个线索：创业生态系统通常是智能进化的结果，是一个结合了"市场的无形之手"和"公共领导深思熟虑的援助之手"的过程。[①]并且，这个足够开明的"公共领导"知道如何引领以及何时放手，以此培育创业生态系统，并确保其相对的自我平衡。

---

① 原文为：the invisible hand of markets and deliberate helping hand of public leadership。此处指的是"市场"和"政府"两个创业生态系统影响要素。

2. Mason & Brown 创业生态系统特征

2014年,经济合作与发展组织(OECD)"LEED 计划"和荷兰经济事务部发布的报告《创业生态系统与成长型创业》中将创业生态系统定义为:一个包括创业者(潜在的和现有的)、创业组织(如企业、风险投资、银行)、机构(大学、公共机构、金融机构)和创业过程(如企业出生率、高成长型公司数量、连续创业者数量等)在内的正式和非正式的连接,并基于本地区域治理的创业环境。报告总结了创业生态系统所具有的七个典型特征。

特征一:大型企业

创业生态系统的核心通常有一个或几个大型企业。一个具有强大管理功能、承担研发生产任务的大型科技企业在创业生态系统的发展过程中往往能够发挥重大作用。第一,它们是"人才吸铁石"(Feldman et al, 2005)。它们从企业外部招聘大量的技术人才,而大部分是刚刚毕业的大学生。第二,它们提供商业培训。这使得新进员工能够尽快掌握管理技能、熟悉组织结构,从新入职的技术人才成长为管理经理。第三,它们是新商业的来源。因为一些员工将来会离职自己开公司,多数初创公司的创始人最初是受雇于大公司的。第四,它们促进周边地区发展。大型企业在区域生态系统发展方面起到了重要作用,特别是在其周边地区。大型企业开发了生态系统的管理人才库,并为当地企业提供了商业机会。

特征二:创业循环

创业生态系统的第二个特征是它们的成长是由创业循环机制驱动的。成功创办公司(但不一定是大公司)的企业家,他们在公司被卖掉之后就离开了。离开后他们仍然活跃在创业集群中,利用他们的财富和经验去创造更多的创业价值。有些人将成为连续创业家,开始新的业务;有些人将成为天使投资人,为初创公司提供启动资金,他们甚至还可以成立一个风险投资基金;或是成为创业顾问或导师,从事创业指导等活动,就是所谓的"学术研究者和积极的实践者";还有一些企业家在退出后,参与提升创业环境的活动。例如，通过游说政府或成立一个组织去支持创业活动。长远来看，这些举措有助于建立一个充满活力的、可持续的创业生态系统。

创业循环机制需要有一个良好的退出机制。理想情况下，企业家和其他高级管理层的股东们在退出时获得丰厚的资金回报变得富有。所以他们可以把精力和时间投入到创造和支持更多的创业活动中。这就要求企业家在创业时将他们的公司发展到一个市值较高的层次，要达到这一点可能需要几轮融资。而过早退出的企业，例如，由于无法筹集更多的资金，就有可能限制了创业循环的良性发展。这往往会发生在一个创业循环功能较弱的创业生态系统中，在那样的生态系统中，初创公司从股票市场和资本市场难以获得大量资金。

特征三：信息富有

创业生态系统的另一个特征是"信息富有"。在这样的环境中，初创公司可以随时获取所需，如市场信息、不断更新的技术、商品交付的可能性、组件的可用性、服务和营销概念，进而可以更容易地感知到其产品和服务与供应商和客户之间的差距。地理位置上的接近和隐性知识的共享往往是共生的。

一般情况下，会议（有组织的或偶然的）是这些信息共享的主要渠道。但若要有效地共享这些信息和知识，仅有会议是不够的。因此，创业生态系统也应该有"桥梁资产"，服务于链接人、思想和资源。这个"桥梁资产"被称为"联络动画师"，唯一的使命就是链接。作为一个正式的工作任务，在一个生态系统中的大部分关键链接点都没有承担这个角色，但其地位至关重要。

特征四：文化

文化也是创业生态系统的一个重要特征。成功的生态系统具有哲学的包容性，具有广泛分享知识和经验的创业文化。"拿之前给"的奉献精神要深深嵌入到初创社区里。另外，对失败的态度也很关键，良好的生态社区会迅速吸引失败创业者加入其他公司。创业者失败后不应当感到羞愧，恰恰相反，他们稍做休息喘口气，很快就又回到创业当中，这就是创业者要做的。创业其实就是一个试错的过程，是试验和失败的哲学。丹尼尔·伊森伯格在2011年时认为，失败并不会失去一切。在一个充满活力的创业社区中，很多人都在尝试新的想法，并愿意做可能会快速失败的准备，因为失败的经验更为宝贵。

特征五：资金

资金是创业生态系统的一个重要特征，特别是天使投资人提供的种子资金和指导支持。如前所述，那些成功退出的企业家和高级管理人员起到关键作用。尤其在生态系统形成的早期阶段，种子投资基金和商业加速器很重要。

特征六：大学

大学在创业生态系统中也发挥着重要的作用。大学对一个创业社区做出的最重要的贡献是学生带来了新的想法，增强了社区的智力能力。

特征七：服务提供商

最后，重要的是不要忽视了服务供应商的存在，诸如律师、会计师、招聘机构和业务顾问等。他们最了解创业企业的需求，可以通过外包的形式帮助年轻公司避开绊脚石和避免在非核心活动上分心。这些服务提供商往往愿意开始不收取任何费用，而期望在适当的时候和初创公司建立长期的业务关系。

三、创业教育生态系统评价的构成要素

本节从加拿大高校创业教育评价看其构成要素。通过前文对加拿大三所高校创业教育的总结分析，我们对其创业教育生态系统已有所了解。但是，究竟加拿大高等教育机构为学生提供的创业教育机会有多少？学生通过接受创业教育参与创业的比例有多大？高等教育机构实施创业教育的具体障碍有哪些？针对这些问题，加拿大政府于2009年由原加拿大工业部进

行了一项关于创业教育的在线调查，调查范围为在加拿大开展创业教育的大学和学院。调查基于创业教育的六个核心维度进行，共有 36 所大学和 32 所学院参加了调查。

（1）调查背景介绍

为年轻的创业者提供培训和支持是国家建立全球竞争优势的一个重要因素，高等教育机构在创业发展中则发挥着重要的作用。在过去的十几年里，加拿大在高等教育方面已经出台多项政府计划促进对新技术的研发和发明专利的推广，以此吸引和留住世界级的科研人员。创新创业已被加拿大政府确定为优先考虑之事，创业教育的重点也已超越了最初以创办公司为目标，而是强调创业行为和技能的培训、创新精神的培养、创业意识和心态的培育。教育的关注力也有针对性地倾向培养商业技能、理论和战略规划技能，以及在校园内开展跨学科的创业教育。因此，为了进一步促进高等教育机构在推动创新创业中发挥积极作用，促进创新经济的健康发展，原加拿大工业部于 2009 年进行了一项关于创业教育的在线调查。

（2）调查范围及反馈率

调查范围为加拿大开展创业教育的大学和学院，其中商学院院长、创业中心主任被确定为调查的主要参与者。共有 204 家教育机构被邀请参加调查，包括 69 所大学和 135 所学院，占 2007—2008 年度本科生总人数的 60% 以上，调查的整体反馈率为 33%。参与调查的大学中，共有 36 所做出反馈，并有资格完成主要调查，反馈率为 52.2%。参与调查的学院中，共有 32 所做出反馈，反馈率为 23.4%。参与调查的学院其中有七所接受了调查邀请，但不具备资格完成主要调查。在选取调查样本的数量上，学院的样本数量约是大学样本数量的两倍，但是学院的反馈率却低于大学的反馈率，是因为学院创业教育缺失而造成的低反馈率，或只是调查者没有反馈，具体原因较难确定。

（3）调查方法及维度

① 调查方法。在线调查包括初步评估（共有 9 个问题）和主要调查

(共有68个问题)。在实施调查之前,加拿大商学院院长联合会(The Canadian Federation of Business School Deans)、加拿大社区学院协会(The Association of Canadian Community Colleges),以及参与调查的大学和学院的代表依据《欧洲高等教育创业教育调查》进行了自审和评估,以确保此次调查适用于加拿大高等教育体系。初步评估的目的是为每个教育机构建立一个整体档案,以核实该机构是否具备了足够的创业教育水平。具备资格的教育机构需满足以下三个条件:(a)创业课程或课外活动的重点是开发创业行为、技能和知识等;(b)开设的创业课程数量占所有课程的25%以上;(c)已开展实施了一年以上的创业教育。

② 调查维度。在线调查框架基于欧洲委员会(The European Commission)的开发模型,确定了与创业教育相关的六个核心维度以及若干个子维度,如图4.2所示。

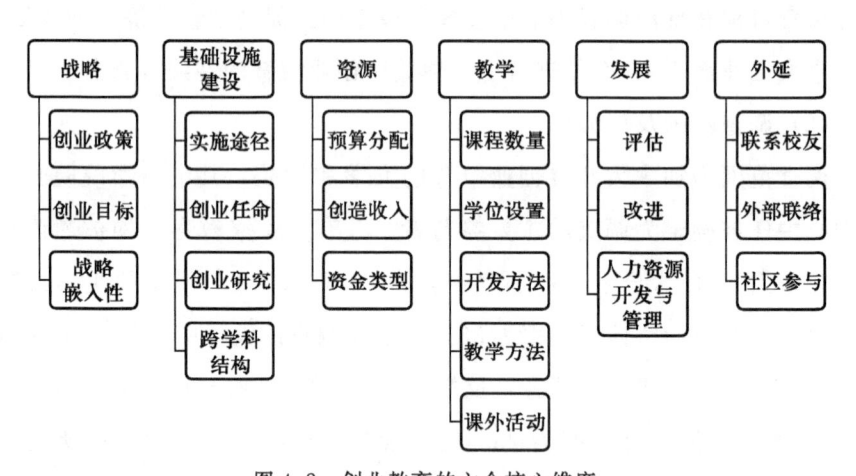

图4.2 创业教育的六个核心维度

维度1——战略:实施创业教育的政策、目标和战略嵌入性

子维度:

- 创业目标:有明确的创业教育指导或已设立创业教育总体目标;
- 创业政策:建立校级的制度政策和具体的行动计划以支持创业;
- 战略嵌入性:任命管理者(主/副教务长)和教育者(院长/教授/讲

师）管理监督政策和目标的实施。

维度 2——基础设施建设

子维度：

- 实施途径：成立创业学院、创业中心、孵化器和技术转让办公室；
- 创业任命：任命创业主席职位（终身或非终身，不包括助理教授和副教授）；
- 创业研究：设立创业教育研究机构；
- 跨学科结构：允许跨学院、跨专业学习创业课程及实施学分制。

维度 3——资源：创业教育基金及其他资源

子维度：

- 预算分配：对创业教育的财政支持和预算；
- 创造收入：创业教育募集资金；
- 资金类型：建立创业教育的财政承诺（短期、中期或长期融资）。

维度 4——教学：创业教育理论和实践部分

子维度：

- 课程数量（本科生、研究生）；
- 学位设置（学士、硕士、博士学位）；
- 开发方法（跨学科合作等）；
- 教学方法（开设讲座、案例研究、项目团队、公司访问、创业模拟等）；
- 课外活动（研讨会、商业计划竞赛、创业大赛、导师计划、外部对接活动等）。

维度 5——发展：评估和测量创业教育的有效性

子维度：

- 评估：正式的评估程序，以跟进实现创业教育的目标和战略；
- 改进：从学生和雇主或投资者的角度衡量创业教育的产出结果并加以改进；
- 人力资源开发与管理：创业公司员工对创业教育绩效的认同（或邀

请客座创业教育讲师）。

维度6——外延：与社区或校园外部的联系

子维度：

- 联系校友：联系参与创业活动的校友；
- 外部联络：建立创业教育基金会，与私营公司、企业家、政府、科技园、孵化器或其他专门机构的联系；
- 社区参与：为学生提供实习、创业项目和商业竞赛的机会，以培养创业精神和创业技能。

（4）调查结果

① 学生创业参与率较低。调查结果表明，总体而言，加拿大高等教育机构积极参与创业教育，并提供了必要的基础设施建设和实践网络以支持学生创业。在2007—2008学年间，98%的机构提供了至少一个本科创业课程，23%的机构提供了一个或多个创业学位项目。此外，80%的机构提供了课堂之外的创业活动，如创业研讨会/工作坊、商业计划书/风险投资竞赛和商业导师指导等。然而，从整体的创业课程注册和完成情况来看，在所有机构中，只有2.5%的学生完成了创业课程，2.1%的学生参加了课外创业活动。由此看来，加拿大高校毕业生的出口通道主要还是在就业市场。不过，创业为学生提供了另外一种选择。

② 需要关注的两个领域。在线调查报告指出在创业教育方面有两个领域应需关注。第一个领域是学生接受创业教育的机会。创业教育是针对所有学科对创办企业感兴趣的学生的一种教育活动。然而，参与调查的机构中有接近40%的机构没有制定创业教育的总体目标和基本策略。调查还显示只有28%的机构为本校所有院系学生提供创业教育，而提供创业教育的学院大多集中在商学院和工程学院。

所需关注的第二个领域是指校园早期创业支持和在创业教育框架内产生经济效益的机制。具体而言，这些问题涉及对早期商业风险的支持和技术转让方法的可用性。参与调查的机构中大约有200家初创公司成立于

2008年。调查显示,在对这些初创公司的整体支持中还存在一定的差距和不一致性。80%的机构表示通过参加商业计划竞赛和孵化器创业实习等活动,有相当数量的学生对创业教育感兴趣。然而,只有18%的机构对毕业生创业的数量和增长进行了跟踪。超过40%的高等教育机构没有和外部投资者建立链接为创业学生提供投融资渠道,50%的机构没有和专业服务提供者建立链接,超过75%的机构没有建立创业孵化器,只有48%的机构提供短期或创业项目基金资助学生的创业活动。与此相反,现实的商业社会中新技术商业化的成熟机制是依靠技术转让机构和专利许可顾问等完成的。调查报告指出,创业教育支持系统和真实商业社会之间的差距可能会影响加拿大高等教育机构实施创业教育的长期利益。

③ 创业教育实施的三个障碍。调查结果显示,加拿大高等教育机构在创业教育实施方面还存在一些障碍。从调查的六个维度来看,有些机构在一些方面表现良好,但在另一些方面却远逊于其他机构,其中有三个最主要的障碍。

第一个障碍是来自创业教育的依赖性。69%的机构认为创业教育仅依赖一个人或一些人的努力将会成为障碍,这种障碍有可能会限制创业教育在学校的全面开展。调查维度1(战略)的结果显示,44%的高等教育机构的创业教育主要负责人来自某个学院的院长,因此创业教育就有可能集中在这个特定的学院实施。

第二个障碍是缺乏支持创业教育的资金。调查维度3(资源)的结果显示,接近一半(48%)的受调查机构支持通过短期资金开展创业教育,但如此就会限制教育机构的凝聚力,且创业教育缺乏可持续性。成熟的创业教育机构通常有多项资金来源,如校友捐赠、创业教育基金、校企合作研发等。

第三个障碍是缺乏跨学科的创业教育战略整合。41%的机构认为这种障碍本质上源于高等教育机构自身的战略发展。高等教育机构管理层应大力重视创业教育,并承诺在全校范围内开展实施。不仅要将创新创业教育融入学校的长远发展规划中,还要将创新创业思维融入具体的教学之中,尤其是交叉学科的培养方案中。

(5) 基于创业教育六个维度的评析

① 战略。加拿大高等教育机构大多数没有一个整体范围的创业教育战略,只是在院系层级体现出了创业教育政策,而这会限制院系之间交叉学科的创业教育实施。一个全面支持创业教育机构的形成是一个复杂的过程,需要在所有涉及的院系之间同步行动,而不仅仅是个别院系提供几门创业课程或创业项目、建立孵化器、任命创业教师等。促进可持续和有效的创业教育的一个核心要素是将创业教育嵌入教育机构的整体战略之中。

② 基础设施建设。作为最常见的创业基础设施建设类型——创业中心和技术转让办公室,这些基础设施建设能为创业团队在商业发展周期的不同阶段提供支持。当然,更为有效的基础设施建设环境还需要许多不同的元素以支持创业在每一个阶段的发展。然而,鉴于资源有限,只有部分加拿大高等教育机构设立了创业中心,或成立了技术转让办公室进行高校专利技术许可等工作。

③ 资源。此处的资源是指资金资源。加拿大高等教育机构的大多数资金被分配到用于短期的创业课程和课外活动上,从而限制了资金对支持学校创业教育的长期发展。创业教育的可持续性与创业资金的类型和来源密切相关。资金的来源越广泛持久,创业教育的发展就越可持续。这就存在一个在特定创业教育目标的长期专用资金和支持创业课程和课外活动的短期资金之间平衡的问题。此外,如果创业教育能够有自己的收入来源,具有"自我造血功能"或能持续吸引外部资金,创业教育就会更易于在教育机构内得以强化成为一个永久性的元素。

④ 教学。加拿大创业教育大多集中在综合性大学的管理学院和理工科大学的工程学院,这就限制了其他学科如医学、环境等学科领域潜在的创业需求。创业教育和传统的工商管理教育、工程教育有所不同,需要和真实的商业、市场、社会环境紧密相连,而不是简单复制应用传统的案例教

学或实习兼职等教学方法。创业教育教学方法的基本框架包括创业课程和课外活动。课程活动包括创业课程的发展,根据创业项目不同的专业背景,使用不同的课程和教学方法,以鼓励各个院系之间的合作。课外活动包括使用非传统的教学方法,如商业计划书竞赛、创业大赛、导师计划、外部对接活动等。

⑤ 发展。此处主要是针对创业教育评估进行讨论。和其他大多数学术学科相比,对创业教育的评估很大程度上是看其"可测量的"成功。职业学校和职业学科的教学结果相对容易测量,通过如获得工作的学生数量、继续进修的学生数量、待业的学生数量等数据可以进行评估。在传统教育思维的影响下,在缺乏科学系统的评价体系指导的情况下,很多高校仍然单纯地以毕业生自主创业率和创业大赛获奖情况作为重要的或者唯一评价指标。有效的评估测量程序可以衡量教育机构在实施创业教育过程中是否考虑到了目前和过去的"用户"(学生和校友)或"最终用户"(潜在雇主、风险投资等)的需求和愿望,以便改进或提高教育机构的创业教育计划。但是,大多数加拿大高等教育机构没有建立必要的评估程序用于测量创业教育的质量和有效性。

⑥ 外延。调查显示,虽然有些加拿大高等教育机构提供了一些与成功企业家或民营企业交流访问等实践活动,但41%的机构没有和外部投资者建立长久的联系,学生创业者的融资渠道受限于此。不仅如此,在大多数的创业教育环境中,学生创业者往往还与外部真实的商业社会环境有所隔离,而这些外部环境可以为学生提供机会去建立创业思维,获得创业技能等实际经验。

创业教育的成功实施需要一个充满凝聚力的框架体系,包括创业教育生态系统中的各个生态因子以及评价系统。加拿大高等教育机构的创业教育不仅在理论层面有所研究,还提供了创业的实践网络和必要的基础设施建设以鼓励和支持学生创业。上述加拿大高校创业教育系统评估案例的分析有很多值得借鉴的地方。实施创业教育排名前三的加拿大高等教育机构如表 4.1 所示。

表 4.1 实施创业教育排名前三的加拿大高等教育机构（基于六个维度的排名）

	加拿大高等教育机构		
战略	拉瓦尔大学 Laval University	新斯科舍社区学院 Nova Scotia Community College	瑞尔森大学 Ryerson University
基础设施建设	威尔弗雷德·劳里埃大学 Wilfrid Laurier University	瑞尔森大学 Ryerson University	蒙特利尔高等商学院 HEC Montreal
资源	麦基尔大学 McGill University	阿尔伯塔大学 University of Alberta	滑铁卢大学 University of Waterloo
教学	新布伦瑞克大学 University of New Brunswick	希库蒂米学院 Cégep de Chicoutimi	皇家山大学 Mount Royal University
发展	麦克马斯特大学 McMaster University	西三一大学 Trinity Western University	皇家山大学 Mount Royal University
外延	多伦多大学 University of Toronto	阿尔伯塔大学 University of Alberta	滑铁卢大学 University of Waterloo

（6）中国高校创业教育的选择路径借鉴

中国高校创业教育还处于起步阶段，在发展过程中面临一些问题，如教学模式不清晰、课程体系不完善、师资力量缺乏、教育理论基础薄弱等。政府提出要在更大范围、更高层次、更深程度上推进"大众创业、万众创新"，以高校和科研院所为载体，探索形成中国特色的高校"双创"制度体系和经验。中国高等教育机构尤其是面向高等工程教育的工程技术类院校，在创业教育的路径选择上可以充分借鉴加拿大高校创业教育的经验，取长补短、避免走弯路。

第一，建立全校性质的创业学院或创业中心，将其作为创新创业教育基地。创业学院或创业中心能够实现校级的资源共享，跨学科、跨学院整合，从而避免个别院系孤立地开展创业教育。作为创新创业教育的承接载体，创业学院或创业中心不仅可以汇集各个院系的教授、专家，为学生提供体验式、实践式教学，还可以建立初创企业孵化器或加速器与校外资源进行对接，对接创业导师、投资人等，以此完善高校创业教育体系。

第二，在学科建设上，设立创新创业工程硕士专业学位项目。目前中国高校创业教育大多只是开设几门与创新创业相关的课程，学生学习完后即使拿到一些学分，但由于没有这个学科专业，无法被授予此类学位，创新创业教育也只能是处于一个边缘的地位。因此，工程硕士培养过程中不仅需要加强学生的创业教育，针对科技创新创业的特点，还应设立创新创业工程硕士专业学位项目。"随着创业教育的深化，只注重学科知识培养的创业教育和只依靠技术驱动的创业教育都是不完全的教育模式，创业教育应贯穿于工程硕士培养全过程"（杨斌，2015）。

第三，完善"卓越工程师教育培养计划"，提升学生的工程实践能力和创新创业能力。加强高等工程教育中的创业教育意识，与社会创业领域、投资行业、工业界等联合制定创业人才培养标准。在本科和硕士研究生层次强化工程实践能力和创新创业能力的培养，为工程技术创新创业等类型的工程师储备创业型人才。除此之外，还应将高校的创新创业教育体系与社会的职业资格认证制度相结合。卓越工程师的培养不仅要面向传统产业，还应面向新时期创业型经济社会下的战略性新兴产业。

第四，赋予面向行业产业和区域发展的"协同创新中心"创业特色。高等工程教育以工程技术学科为主体，针对真实的创业项目解决工程中的实际问题。高校、科研院所及企业应加强协同创新创业意识，作为核心技术研发和转移的重要基地，应结合市场进行技术创新创造、根据专业知识识别创业机会、完善创业计划吸引投资者关注。帮助创业者有针对性地开发新产品，以此解决企业客户的真正问题，从而带动行业产业发展，创新经济发展。

21世纪是创业型经济快速发展的时期，发达国家之间的竞争主要集中在科学技术创新上。如果说作为科技发明与产业发展之间的桥梁——工程创新，是科学技术转化为商品生产力的关键环节，那么，创业教育则是其水之源、木之本。创业教育正在成为社会经济发展的主要推动力。

四、创业生态系统评价工具的构成要素

随着创业教育在高等教育机构的广泛开展,对高校创业教育项目客观、准确的评价就显得十分必要。在传统教育思维影响下,单纯地以毕业生自主创业率和创业大赛获奖情况作为重要的或者唯一的评价指标是不合适的,创业教育需要科学系统的评价体系做指导。

和其他大多数学术学科相比,对创业教育项目的评价很大程度上是看其"可测量的"成功,这句话中的关键词是"可测量的"(measurable)。职业学校和职业学科的教学结果相对容易测量,如获得工作的学生数量、继续进修的学生数量、待业的学生数量等。相比之下,高等教育机构的创业教育评价处在一个两难的窘境。一方面,创业教育的主要作用之一是对外部世界的"影响",而这个"影响"实际上很难去评价;另一方面,只学习而不去实践不能称其为创业,但实践了却没有持续下去,犹如"先帝创业未半而中道崩殂",此情况亦很难评估。因此,有效的评价创业教育是要看其"可测量的"因素。

那么,究竟什么是"可测量的"的因素呢?现实世界结果的多样性和企业家不可预测的生活轨迹,即使在理论上,也很难找出"可测量的"因素。如果一个校友创立了两家公司,但都失败了,这是一个"可测量的"产出吗?如果在失败的过程中学到了有价值的东西,然后应用在传统的工作中呢?如果再次发现了一个机会,基于所接受的创业教育和所积累的失败创业经验,抓住了这个机会,这是一个"可测量的"产出吗?创业教育评价有一个时间期限框架吗?到底该如何评价一个创业教育生态系统呢?就这些问题,我们可从下面介绍的创业生态系统评价体系中寻找到相应的解决方案。

四、创业生态系统评价工具的构成要素

(一) 创业生态系统评价工具介绍

全球创业研究会（Global Entrepreneurship Research Association，GERA）、考夫曼基金会（Kaufman Foundation）和英国 Aspen 企业家发展网络（Aspen Network of Development Entrepreneurs，ANDE）都发布过创业生态系统评价体系的研究报告。笔者针对 ANDE 总结的在全世界范围内的九个创业生态系统评价体系进行了如下汇总，如表 4.2 所示。

表 4.2 创业生态系统评价体系汇总

	创业生态系统评价体系
1	巴布森学院——巴布森创业生态系统项目（Babson）
2	美国竞争力委员会——资产映射路线图（CoC）
3	乔治梅森大学——全球创业和发展指数（GEDI）
4	创新雨林法则（Rainforest）
5	六＋六模式（Six＋Six Model）
6	全球创业观察协会——信息和通信技术创业（GSMA）
7	经济合作与发展组织——创业衡量框架（OECD）
8	世界银行——做生意（World Bank）
9	世界经济论坛——创业生态（WEF）

下面针对其中的七个评价体系进行重点介绍。

1. 巴布森学院——巴布森创业生态系统项目（Babson）

巴布森创业生态系统项目（BEEP）是一个独特的、复杂的环境或生态系统。BEEP 有十几种生态元素，以复杂的方式相互作用。因此，为了促进创业，必须采取一种全面的评估方法。BEEP 评估框架由六个维度组成：① 政策：主要看政府法规和企业领导力支持；② 金融：着眼于给创业者提供全方位的金融服务；③ 文化：对社会规范的衡量，包括激励下一代创业者的成功故事；④ 支持：如物理基础设施建设、非政府机构和专业人士，如律师、会计师、投资银行家的支持；⑤ 人力资本：衡量的是高等教育体

系的质量和劳动力的技能水平；⑥市场：对创业网络和早期存在的客户进行衡量。

2. 美国竞争力委员会——资产映射路线图（CoC）

为了对形成经济生态系统的关键资产和主要差异地区未来所需领域投资进行评估，美国竞争力委员会需要一个全面的资产映射评估方法。此方法包括 9 个因素，它们分别是：① 人力资本；② 研发机构；③ 金融资本；④ 产业基地；⑤ 结缔组织；⑥ 法律和监管环境；⑦ 物理基础设施建设；⑧ 生活质量；⑨ 文化。

3. 乔治梅森大学——全球创业和发展指数（GEDI）

全球创业和发展指数（Global Entrepreneurship and Development Index）是基于一个国家创业系统的新兴理论体系。这种对国家创新系统理论的延伸，侧重于分析各种机构在促进创业精神的重要性。GEDI 认为，制度框架是至关重要的。相对于其他机构的指数，GEDI 的分析属于超级指数。衡量经济自由的世界银行（World Banks）做的商业研究。GEDI 指数包含 15 大支柱：机会感知、初创技能、非恐惧失败、网络、文化支持、初创机会、技术部分、人力资源质量、竞争、产品创新、过程创新、高增长、国际化和风险资本。然后又将这些支柱汇总成三个子指数：创业能力，创业态度和创业愿望。

4. 全球创业观察协会（GSMA）

GSMA 框架主要集中在信息和通信技术（ICT）创新的生态系统，以此吸引投资、带动该行业长期经济发展。GSMA 框架包含如下六个能影响创新生态系统的利益相关者：企业家、投资者、支持组织、研究中心、移动运营商和政府。

5. 六＋六模式（6＋6 Model）

"六＋六模式"的主要作用是定量和定性地确定创业生态系统的优点和弱点。此分析着眼于支持创业生态系统的六个支柱以及六个参与者。六个支柱为：识别、培训、连接和持续、基金、公共政策和企业家；六个参与者为：政府、企业、非政府组织、基金会、学术机构和投资者。

和前文提到的创业生态系统的"六个维度"相类似，"六十六模式"建立的前提是，任何单一的因素都无法激励和维持创业精神。相反，只有当多个部门和多种因素协同工作才能创造出企业家们茁壮成长的创业环境。该模式还强调，认为一个纯粹新产品的发明者即为企业家是一个错误的思考。事实上，只有大约20%的企业家是产品的创新者，而80%是那些将新点子商品化后推向市场的企业家。太多的创业支持举措强调"新点子"，而国家需要有意识地建立创业生态系统，以帮助不同类型的企业家成功。

6. 经济合作与发展组织——创业衡量框架（OECD）

经济合作与发展组织（OECD）的创业衡量框架旨在帮助政策制定者建立一个基于国际可比性的创业指标。这个框架可对激励或阻碍创业的决定因素进行测量，还提供了创业绩效的指标，以及创业对经济的产出或影响。OECD将创业生态系统的概念转化为三个要素：机会、人才和资源。这三个因素受两个重要的主题影响：文化和监管框架。这些因素和主题可以简化成创业生态系统六个关键的决定因素：监管框架、市场条件、金融通道、研发和技术、创业能力和文化。OECD框架还指定了各种指标，可以用来衡量这些决定因素。

7. 世界经济论坛——创业生态系统（WEF）

世界经济论坛（WEF）着眼于建设孵化器和生态系统来支持创业。世界经济论坛认为，创业者成功要结合四种类型的"推动者"：① 个人推动者，如导师和教育；② 金融推动者，如银行投资者和小额信贷业务；③ 商业推动者，如孵化器和网络协会；④ 环境推动者，如监管框架、基础设施建设和文化。通过这一框架考察一个创业生态系统，能够确定生态系统的优势和劣势，进而提供建议政策来改善生态系统。

（二）小结

以上介绍的各种对创业生态系统评估的方法有很大的不同，可以按照基于地域特点和各自的侧重点进行分类分析。例如，经济合作与发展组织的创业衡量框架、世界银行的商业排名以及乔治梅森大学的全球创业和发展指数，是国家级的评估框架，可以用来进行跨国比较；美国竞争力委员会的资产映射路线图和创新雨林法则是专门针对当地的创业生态系统；另外一些框架如巴布森创业生态系统工程和六＋六模式则可以用在一个国家或次国家层面。

从评估指标的角度对各个评估体系的比较来看，美国竞争力委员会的资产映射路线图是最全面和详细的框架，有超过150个独立的指标，涵盖了八个领域。经济合作与发展组织的创业衡量框架涉及的领域也很广泛，跨越六个领域，列出了57个关键指标来衡量一个国家创业生态系统的决定因素。其他的方法，如巴布森的模型和六＋六模式更多是概念性的，并没有规定一套共同的指标，而只是重点关注了一些领域（如政策、金融、文化）和一些特别因素（如银行、孵化器、风险资本）。这些框架可以应用于已有的数据基础之上，并在评估创业生态系统中具有更多的灵活性。另外，一些评估系统框架只是集中在个别领域或部门。例如，世界银行所做的业务框架，特别侧重于政策和环境。创新热带雨林法则，侧重于发展创业文化，全球创业观察则是专门针对信息通信技术（ICT）的创新创业。表4.3是对各个评估系统的比较总结。

表4.3 创业生态系统评估工具一览表

评估领域	巴布森学院	美国竞争力委员会	全球创业和发展指数	创新雨林法则	六＋六模式	全球创业观察协会	经济合作与发展组织	世界银行	世界经济论坛
政策	√	√	√		√	√	√	√	√
金融	√	√	√				√		
基础设施建设	√	√				√	√	√	√
市场		√	√			√			
人力资本	√	√	√			√	√		√
支持/服务/联络	√	√	√		√	√	√		√

续表

评估领域	巴布森学院	美国竞争力委员会	全球创业和发展指数	创新雨林法则	六+六模式	全球创业观察协会	经济合作与发展组织	世界银行	世界经济论坛
文化	√	√	√	√	√	√	√		√
研发/创新	√	√	√	√		√			
生活质量		√							
宏观经济条件							√		

教育评估是教学质量保障必不可少的环节，对高校创业教育的健康发展也至关重要。高校创业教育评价体系的建立可从本章对创业生态系统评价体系及评估工具的分析中进行参考借鉴。

五、创业生态系统特征要素汇总分析

结合上文介绍，我们在此将所有相关研究所阐述的创业生态系统及创业教育模式的内涵特征进行如下归纳整理，如表4.4所示。

表4.4　创业生态系统特征要素汇总

年份	研究者	特征要素
2004	海迪·尼克，戴尔·迈耶，博伊德·科恩，安德鲁·科比特	孵化器、衍生公司、正式和非正式的网络、物理基础设施建设和社区文化五个要素
2004	博伊德·科恩	12个基本要素：社交网络、非正式和正式社会网络、研究型大学、政府、专业的支撑服务、资本资源、人才库、大公司、科技园、基础设施建设、文化
2011	丹尼尔·伊森伯格	6个维度的创业生态系统：政策、市场、金融、文化、人力资本、支持
2011	苏晓华、陈云君、王科	3E模型：范围包括创业课程、课外活动、研究三方面；维度包括利益相关者、资源、基础设施建设、文化四方面

续表

年份	研究者	特征要素
2013	刘振亚	中国高校创业生态系统的 8 项生态因子：受教主体大学生、国家相关创业政策、社会创业资助、高校师资、高校课程体系、高校决策部门、高校社团组织、高校创业实践基地
2013	欧盟委员会（The European Commission）	《创业 2020 行动计划》7 个因素：政策对创业教育的支持、利益相关者的参与、创业课程与教学方法、创业学习成果的评估、领导和教育者的支持、鼓励创业者的路径、进展和影响的评估
2014	世界经济论坛（World Economic Forum）	8 个支柱要素：开放的市场、人力资本、融资和金融、导师顾问等支撑体系、政府和监管框架、教育和培训、作为催化剂的大学、文化支持
2014	鲁思·格雷厄姆	基于大学的创业生态系统包含 4 个层面：个体层面（学生、教师、职员、实践者、管理者），组群层面（教师、学生），组织层面（孵化器、中心），以及活动和利益相关者层面（政府、政策制定者、行业、出资人）。
2014	科林·梅森，罗斯·布朗	创业生态系统的 7 个显著特征：大型企业、创业循环、信息富有、文化、资金、大学、服务提供商
2015	何郁冰，丁佳敏	大学在内部构建由研究中心、社团协会、技术转让机构等组成的动态化网络组织，以政策、基金、咨询、培训作为支撑平台，在外部则与企业、政府以及其他高校互动合作，进行教-研-训"三位一体"的体验式创业教育
2016	姚飞，高冬雪，孙涛	构建开放式大学创业生态系统的 7 个关键要素：高层领导的愿景、承诺与支持；对项目和教师的强力领导；长期持续努力；大量的财务投入；课程及项目的持续革新；适当的组织变革；突破成功大学创业生态系统的临界点
2016	徐小洲，王旭燕	以全球（Global）、全民（All）和终身（Lifelong）为外驱力，以互补性（Complementary）、整体性（Holistic）和可持续性（Sustainable）为内应力的"GALCHS"创业教育生态发展观念

从表 4.4 的汇总分析中可以看出，研究者们从各自不同视角提出了基于不同维度的模型特征，其侧重点也各不相同。一些研究者比较注重创业生态系统的整体特征，如系统的自组织性和网络动态性等；而另一些研究

者则强调创业生态系统内部的关联特征，如系统的内部过程、因素之间相互依存和网络结构等；一些研究者从高校自身组织结构角度进行研究；而另一些研究者从教育系统层次角度出发；还有的研究者则从课程教学体系角度进行论述。

虽然研究者们对创业教育生态系统建构进行了一些广泛论述，但总体来说，研究还处于一个相对不完善的程度，不完善之处在于：① 只将影响生态系统的要素进行"平面"式分析，而非整体性的"立体式"分析，则其研究结果就是，生态因子在生态系统中的"动态特征"未能表现出来；② 只建立在基于理论层面上的分析，而缺乏进一步的实证研究，则其模型框架缺乏实践指导意义；③ 只着眼于目前的社会经济环境探讨创业教育生态系统，且拘于教育领域自身而未将研究视野拓宽至商业领域，则其研究结果缺乏时代的前瞻性和应用的普适性。

本 章 总 结

创业教育生态系统建构的最重要问题是解决动力机制和构成要素问题。所谓构成要素，是指创业教育生态系统由哪些核心因素构成。基于不同的研究视角，研究者可以形成不同的研究模式。

本章深入创业教育生态系统的内部，针对世界上典型的创业生态系统模式、创业生态系统特征及要素进行了整合分析。教育评估是教学质量保障必不可少的环节，对高校创业教育的健康发展也至关重要。本章还对创业生态系统评价体系及其评估工具、创业教育生态系统评价的构成要素进行了分析。

最后，本章对创业生态系统特征要素进行了汇总，总结了其优势，概括了其不足。目的在于一方面整合、归纳创业生态系统所涉及的特征要素，从中提炼出创业教育生态系统的通用性要素；另一方面，为本研究提出新的创业教育生态系统模型提供坚实的理论基础。

第五章

国际创业教育生态系统模型建构

在你知道更好方法前，尽你所能；在你知道更好方法后，再做得更好。

——玛雅·安吉罗[①]

Do the best you can until you know better. Then, when you know better, do better.

——Maya Angelou

[①] 玛雅·安吉罗（Maya Angelou，1928—2014），美国著名非洲裔女作家、诗人、剧作家、编辑、演员、导演和教师。

基于前文的总结和分析，本章提出"国际创业教育生态系统"（IEEE）模型。下文将分别从"IEEE"模型的建构原则、理论基础、框架结构、要素分析及基本特征五个方面进行介绍。

一、"IEEE"模型的建构原则

在此，我们先给出一个简单的定义，即高等教育机构的创业教育生态系统，就是一个从激发创业者创新灵感直至初创公司成立和发展的教育支持体系。建立以创业教育生态系统为基础的教育支持体系，微观上可以加快高校科研创新的速度，中观上可以促进创业型经济的发展，宏观上形成国家未来的国际竞争力。那么，建立以创业教育生态系统为基础的教育支持体系应遵循什么原则呢？

本研究认为，建立一个完善的以创业教育生态系统为基础的教育支持体系须遵循如下原则：

企业家精神原则（Entrepreneurship）

教育属性原则（Education）

生态化原则（Ecosystem）

国际化原则（International）

1. 企业家精神原则

笔者在此将 Entrepreneurship 一词界定为企业家精神（通常情况下也理解为创业之意）。从企业家精神的内涵上分析，精神是一种精神品质、一种思想形式、一种驱动智慧运思的意识形态，但精神不完全是仅仅表明个人意识状况或过程的心理的、主观的概念，精神相对于意识，似乎应该是对意识的一种价值抽象。狭义的企业家精神是指创业者开展一次创业的整个过程，包括想法的产生、前期准备、获取利用资源、组织运营和获得回报等。企业家精神的具体体现为：一个成熟的企业家能够发现一般人所无法发现的机会，能够运用一般人所不能运用的资源，能够想到一般人所无法想到的办法。而这一切都离不开教育的支撑。因此，创业教育生态系统必须能够完全赋予创业者"企业家精神"。

2. 教育属性原则

创业教育除了能为创业者提供必需的基础教育和专业教育，更为重要的是能为创业者提供创业发展之初所需的一切要素：如激发创业者的新点子、商业计划书的撰写、市场开发及公司治理、天使投资及融资以及后续发展战略等增值服务。创业教育生态系统须充分发挥这一完全符合创新创业行为需要的教育自然属性，帮助创业者提升技术创新能力、商业机会识别能力、团队合作及公司治理能力、工程及社会实践能力，获得政府对初创企业的支持，从而提高创业者的成功率，最终形成全社会的创新创业意识。

3. 生态化原则

培育创新土壤、优化创业生态。营造容忍失败的创业文化环境，对创新创业至关重要。深入实施知识产权保护，加快培育法治保障创新、政策激励创新、文化孕育创新的良好氛围，让科技人员和创业者在创新中受益、让企业在创新中赢利、让社会在创新中进步。应重视科学精神和创新价值的传播，进一步塑造包容创新、敢为人先的创新文化，使创新成为一种价值导向。营造鼓励创新、容忍失败的多元文化共存的创新创业环境。

4. 国际化原则

在当前创业型经济环境下，国际化的内涵正在发生深刻变化，向深层次发展。从过去以有形的商品、服务、资本为主的国际化，向目前以无形的技术、人才、智力等为主导的国际化拓展。以科技创新为主导的国际化正成为新时期创业型经济社会发展的一个突出特征。因此，创业教育生态系统必须具备国际化视野，如此才能大力推动高校创业教育的国际化发展，才能积极带动创业教育融入全球创新创业网络。在创业教育生态系统的建立实施过程中，无论是战略规划、创业实践、课程设置还是校企合作，国际化视野已不可或缺。

二、"IEEE"模型的理论基础

美国人类学家和生态心理学家尤瑞·布朗芬布伦纳（Urie Bronfenbrenner）在 1979 年出版的《人类发展生态学》一书中全面提出了"生态系统理论"（Ecological Systems Theory）的概念。他认为，个体在发展过程中并非孤立存在的，而是能动地与周围的环境相互依存和相互作用，发展的个体嵌套于相互影响的系列环境系统之中。在这些系统中，系统与个体之间相互作用并影响着个体发展。虽然该理论大多应用于发展心理学领域，尤其是青少年及儿童发展心理学领域，但对本模型框架的建立起到了借鉴意义。

布朗芬布伦纳生态系统理论将个体与环境之间相互联系的系统分为四个层次，分别为微系统、中系统、外系统和宏系统。布朗芬布伦纳认为，自然环境是人类发展的主要影响源，环境（或自然生态）是"一组嵌套结构，每一个嵌套在下一个之中，发展的个体处在从直接环境（比如家庭）到间接环境（如宽泛的文化）的几个环境系统的中间或嵌套中"，布朗芬布伦纳生态系统理论模型图如图 5.1 所示。

布朗芬布伦纳生态系统理论的四个系统：

① 微系统（Microsystem）：是指个体亲身接触或参与其中，并产生体验的、与之有着直接而紧密联系的环境，如家庭、学校、同辈群体等。

② 中系统（Mesosystem）：是指个体所处的两个或两个以上微观系统之间的相互关系，如学校和家庭、家庭与邻居等之间的相互联系。

③ 外系统（Exosystem）：是指在个体成长的生态环境中，一些环境因素并不直接接触或参与，但可以对个体产生直接或间接影响的系统。

④ 宏系统（Macrosystem）：是指个体成长所处的整个社会环境及其意识形态背景，如整个社会长期所形成的政治、经济、文化、社会形态以及社会结构等，前三个生态系统均存在于宏系统中。

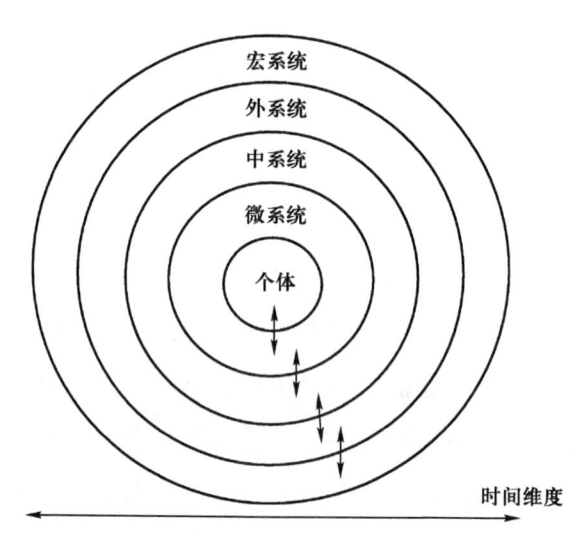

图 5.1 布朗芬布伦纳生态系统理论模型图

另外，布朗芬布伦纳生态系统理论模型的最外层为时间维度，或称作时间系统。

三、"IEEE"模型的框架结构

基于上述建构原则和基本理论，本研究提出一种全新的"国际创业教育生态系统"（International Entrepreneurship Education Ecosystem）模型，简称"IEEE"模型，如图 5.2 所示。

1. "IEEE"模型结构特点

"IEEE"模型结构上由一个核心（以学生为中心）和两个圈层（内嵌系统层、外部链接层）共同组成，其结构特点为：

① 一个核心和两个圈层在物理形式上为嵌套结构，内嵌系统层中的"六大要素"高度耦合、相互作用，紧紧围绕"以学生为中心"。

② "六大要素"作为生态因子动态地在系统中流动，形成一个"以学

三、"IEEE"模型的框架结构

生为中心"、以两个圈层为"轮子"的有机整体,以"嵌入式双轮驱动"的形式共同驱动整个创业教育生态系统的平衡发展。

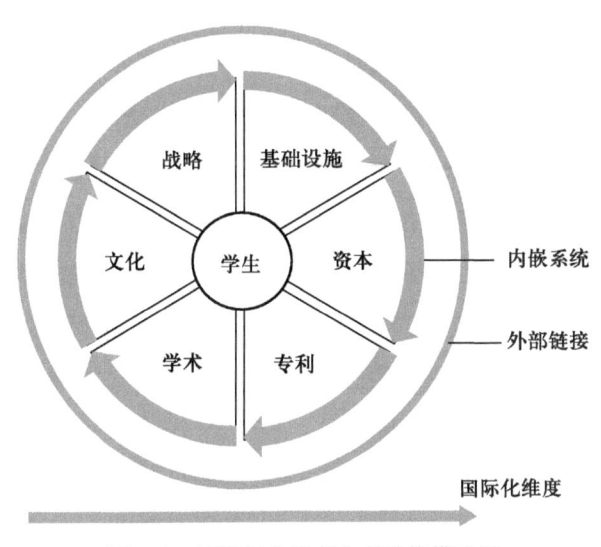

图 5.2　国际创业教育生态系统模型图

2. "IEEE"模型结构内涵

① 核心:处于系统中央圆心位置的为接受创业教育的主体——学生。在教育活动中,尤其是创业教育,学生不是被动的聆听者,而是积极的参与者;不是被动的接受者,而是主动的创造者。这符合教学的内在规律,也符合"以学生为中心"的教育理念,即 19 世纪 80 年代美国教育家杜威强调的学生个体在教育环境中的重要性。

② 内嵌系统:是指高等教育机构内部的如教学、科研、服务部门、校园孵化器、学生社团组织、创业实践基地等部分,是生态系统的内部环境。内部环境为创业教育生态系统的发展夯实了基础、提供了保障。

③ 外部链接:是指高等教育机构外部的如政府、社区、中介机构、地方科技园、服务提供商等部分,还包括影响创业教育发展的宏观要素,如政治、经济、社会环境等,是生态系统的外部环境。外部环境则为创业教育生态系统的充实壮大提供了机会。

④ 国际化维度:"IEEE"模型最下面的单箭头表示国际化维度,单箭头的指向是从本土化到国际化。在经济全球化背景下,随着高等教育国际化的发展,创新创业也不再囿于一隅,创业教育国际化已是大势所趋。更为重要的是,具备"国际化"视野的创业教育生态系统将会极大地拓展其外延,国际化程度愈高,系统的稳定性和可持续性愈强。

什么是"国际化"?目前,学界对此还没有一个明确统一的定义。但就本研究的范畴来说,已有学者从不同的角度对"教育国际化"给予了不同的解释。其中具有代表性的解释有如下四种:一是学生教育培训的国际化,如国际化课程、联合培养等;二是组织具体活动的国际化,如人员交流、合作研究等;三是以形成一定的国际化的文化氛围和精神气质的角度去定义;四是从过程的角度定义国际化。

本研究之所以没有将"国际化"这一维度纳入模型中的"双轮"圈层中,或是作为系统中的一个生态因子去考虑,是因为本研究认为"教育国际化"是以全球化为背景的一个历史发展概念,是以不同国家教育理念为指导的一种相互学习、交流与合作的过程。而这一点在"IEEE"模型中,更多的是体现在了"多元创业文化"这一要素当中。

本研究亦认可如下观点,"全球化与国际化与其说是单一影响要素,不如说是不可缺少的背景与条件,特别是在当代。我们今天所面对的日益国际化的高等教育是历史上具有共同渊源的高等教育机构在经历民族化、国家化的发展阶段之后,国际化的内在特质被激活并在新形势下迅速发展的结果"(史静寰,2006)。

四、"IEEE"模型的要素分析

20世纪70年代,欧洲经济危机的爆发使得各国政府财政紧张,这直接导致了政府实行缩减高等教育财政预算的政策。同时,由于迅速扩张和

四、"IEEE"模型的要素分析

变化的劳动力市场对高等教育的需求日益扩大,使得一向安于稳定的大学无所适从。"日益扩大和相互影响的需求的潮流把大学又推又拉",导致"许多大学不知道它们正走向何处,甚至它们已经丧失了自己的灵魂"。在这种外部环境和内部资源之间不平衡的情况下,欧洲大学陷入了发展中的困境,它们需要寻求更好的发展途径。

伯顿·克拉克(Burton R. Clark,1998)在通过对欧洲五所大学的考察后,基于新公共管理理论(New public management)[①]和新自由主义理论(Neoliberalism)[②]的视角,针对"高等教育市场化"研究,构建了一个全面的创业型大学转型途径体系,提出了建立创业型大学的"五个要素"(一个强有力的驾驭核心、一个拓宽的发展外围、一个多元化的资助基地、一个激活的学术心脏地带、一个整合的创业文化),为当时欧洲大学的发展提供了新的发展方向和探索思路,即从被动走向主动、从研究型转向创业型,最终推动大学走上特色型之路。

本研究在借鉴伯顿·克拉克提出的建立创业型大学所需"五个要素"的研究思路基础上,结合基于扎根理论的 NVivo 软件数据编码分析结果,提出建立创业教育生态系统所需的如下"六个要素":

① 理念之光:具备核心领导力的发展战略(Strategy)
② 合作之渠:架接产业桥梁的基础设施(Infrastructure)
③ 启航之翼:让创新创业插上资本的翅膀(Capital)
④ 创新之壤:保护知识产权的专利许可(Licensing)
⑤ 学术之根:创新创业教育的学术基础(Academic)
⑥ 创业之魂:容忍失败的多元创业文化(Culture)

"IEEE"模型的"六个要素"之间是什么样的关系呢?在此我们首先

---

① 新公共管理理论通过建立一种准市场机制,以取代传统的政府计划在高等教育资源配置中的作用,以实现"经济、效率和效益"为目标。
② 新自由主义理论强调市场优先于政府、私有权优先于公有和社会所有,反对政府干预,提倡市场竞争。

第五章 国际创业教育生态系统模型建构

介绍一下生态系统。美国耶鲁大学生态学家林德曼（R. L. Lindeman, 1942）将生态系统定义为一个能够自身协调发展的功能组织。随着时间的推移和条件的变化，生态因子随着能量流通系统时，通过自身调节，使得生态系统不断进化。一个完全的生态系统包含非生物成分、生物有机体，生物有机体又包括生产者、消费者和分解者三个类群，如图5.3所示。

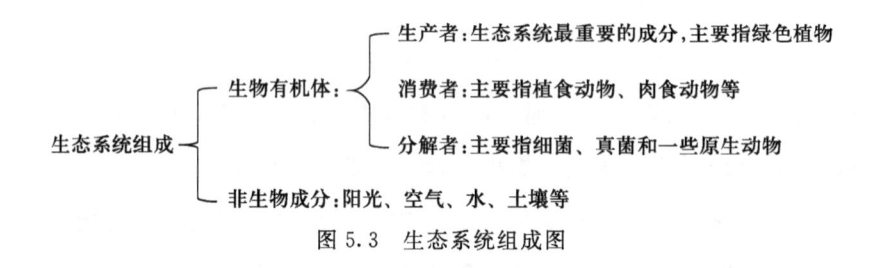

```
                    ┌─ 生产者：生态系统最重要的成分，主要指绿色植物
         生物有机体：├─ 消费者：主要指植食动物、肉食动物等
生态系统组成─┤       └─ 分解者：主要指细菌、真菌和一些原生动物
         └─ 非生物成分：阳光、空气、水、土壤等
```

图 5.3 生态系统组成图

与自然界生态系统类似，创业教育生态系统是由创业主体、创业要素及生态环境所构成的彼此依赖、相互影响、互利共存的动态平衡系统。创业教育生态系统可以被看作一个有机的、具有生命特征的生态群落。它是多个生态因子在高校这个特定区域内的集聚，并辅以外界的政策、商业、风险投资等支撑机构和其他社会组织。同时，创业教育生态系统在高等教育机构中的形成，本身就是一个生态系统演化的系统过程，其演化和发展的过程不仅受到外部环境的影响，还受到系统内部各种生态因子的影响。

因此，作为创业教育生态系统中的生态因子，"IEEE"模型的"六个要素"具有交互作用，它们各自独立但又相互制约、相互影响。其相互之间的关系表现为：首先，作为生态系统中最重要的部分——具备核心领导力的发展战略是前提保证，为创业教育发展指引方向；它不仅犹如太阳的光芒，点亮了高校创新创业发展的"理念之光"，也带给其他要素生存发展所需的能量。其次，连通"校企合作"之渠的基础设施建设是协调枢纽，为"产学研合作"注入创新创业的潺潺清流。而资本的力量则是创业者的助推器，助力创业者的梦想启航飞翔。只有通过加强知识产权保护，厚植创新"土壤"，初创公司才能茁壮成长。学术基础是引擎，源源不断提供知识的动力输出；也只有夯实学术基础，创新创业才不会成为"无本之木"。容忍失败、宽容叛逆的多元文化是创业之灵魂，正逐渐成为创新创业的主流意识形态。概括而言，"六个要素"构成了建立高校创业教育生态系统的核心内容，具有决定性的影响。下面，我们结合访谈和调研对"六个要素"逐一进行分析。

1. 理念之光：具备核心领导力的发展战略

核心领导力的发展战略是"领导力"与"战略"的结合，是在战略制定、实施和控制等方面所展现出的领导能力。发展战略就是关于一个组织机构如何发展的理论体系，具体包括构建发展愿景、明确战略实施路径、制订发展规划、构建组织结构、分配战略资源、平衡利益相关者、谋求可持续发展等多方面内容。

一个完善成熟的创业教育生态系统，首先应有一个具备核心领导力的创业教育发展战略。组织目标能否实现，取决于组织效率，而组织效率取决于组织领导的价值观、主动性和创造性。核心领导力则是一种具有正确价值观和主动执行的能力。

创业教育的发展应是基于创业战略导向而非机会主义导向。创业教育可持续发展的核心要素，就是将创业教育嵌入到高校的整体发展战略之中。高等教育机构应要求所有基层组织，围绕学校总体创业教育发展战略和目标，制订部门运行计划和实施战术，以保证大学创业教育计划的贯彻和有效实施。高等教育机构的内部资源配置也应具有方向性，应主要集中在大学重点规划发展的领域里。

除此之外，创业教育的发展战略还需要考虑如何积极推动和引领区域经济和社会发展。高等教育机构应把自己看作为促进区域经济和社会发展的重要引擎，应主动发现和寻找经济和社会发展的需求，并结合自身的优势和特点，制订既能够满足社会需求又能推动和引领经济社会发展的创业发展战略。这是一项结合社会需求与发展、具有战略前瞻性和号召力的可持续性发展战略。斯坦福大学和硅谷就是一个成功的典型案例。

第五章　国际创业教育生态系统模型建构

一个具备核心领导力的创业教育规划愿景与发展战略是建立国际创业教育生态系统的首要任务。创业教育发展战略包括可实施的创业教育政策、目标和管理监督；还要具备包括管理者、决策部门和教育者的推动执行能力，以及激励师生创新创业的制度体系、创新创业课程体系、校外实践系列活动等。尽管具体的核心领导层形式不同，但必须强调领导组织的核心权力，需要充分肯定核心领导权在创业教育管理中的领导作用。

那么，一个具备核心领导力的创业教育发展战略应该如何实施呢？本研究认为彼得·德鲁克所提出的"创业型策略"做出了充分的解释。彼得·德鲁克（1985）将其解释为"尽其力、毕其功"策略。"并不是只有企业才能运用'尽其力、毕其功'取胜的策略，公共服务机构同样可以采用该策略。"德鲁克在《创新与创业精神》一书中解释道，"把'尽其力、毕其功'这个策略的内涵发挥得淋漓尽致的最佳例子，并不发生在企业，而是在洪堡创办的柏林大学。"

对洪堡创办大学所倡导的"研究教学合一"精神，我们在此不做过多论述。我们通过其创办大学的另一面来了解一下"尽其力、毕其功"的策略。"事实上，洪堡本人对大学一点兴趣都没有。他把创办大学视为创建新政治制度的一种手段。新制度既不同于18世纪的君主政体，也不同于受法国资产阶级支配的大革命所倡导的民主政体，相反，它将是一种均衡的制度。在这种制度下，不带任何政治背景的公务员及专职政府官员将按照各自的专长，得到聘用和晋升。他们在自己狭窄的工作区域里，将享有充分的自主权。这些人员（今天被称为技术专家官员）所从事的任务很有限，同时还将受到一个独立的专职司法部的严密监视。然而，他们工作在自己有限的工作领域内，就是专家。由此，中产阶级可以在两个领域内享受到两种个人自由：一是道德文化自由，一是经济自由。"在此大背景下，威廉·洪堡于1809年创办柏林大学时，就明确地采用了"尽其力、毕其功"的策略。当时，普鲁士王国刚刚被拿破仑打败，但是，洪堡仍然着手创办了西方世界有史以来规模最大的大学。拿破仑战争结束后，许多历史悠久的著名学府被迫解散。在那个连一流学者都几乎要乞讨为生的年代里，洪堡支付给柏林大学教授们的薪水是以往教授的10倍。1949年原柏林大学更名为柏林洪堡大学。

由上不难看出，洪堡将"尽其力、毕其功"策略可谓做到了"孤注一掷"。另外，执行该策略要有一个雄心勃勃的目标，否则该策略将会遭到失败（彼得·德鲁克，1985）。

2. 合作之渠：架接产业桥梁的基础设施

高校创业教育生态系统的基础设施一般包括建设高等教育机构内部的创业学院、创业中心、孵化器、技术转让办公室、创业实践基地、社团协会和研究中心等。大多数高等教育机构的基础设施建设可能会比较完善，但却容易多而分散、各自为政，难以在创业教育实施过程中形成合力，来共同服务于以创新创业为核心的整体发展战略。在散落于校园各处的基础设施建设背后，以产业联络为纽带，架接科研、教学与产业、企业合作之桥的重要性则愈发显得重要。

麻省理工学院"产业联络项目（industry liaison program，ILP）"的设立就起到了不可替代的桥梁纽带作用。本研究在对MIT进行调研访谈时，其产业联络办公室高级副主任对此进行了详细介绍：

> ILP是一个产业联络项目，主要是为世界上年研发经费在上百万的大公司与MIT进行链接所设计的。项目实行会员制，每年会费为7 500美元。目前有225个世界级的大公司，签约公司有GE、西门子、波音、中国国家电网公司等。7 500美元的会员费是服务费，而作为回报，我们为每个签约公司安排一个专职人员。目前我们这个项目共有25个人，每人大约负责10个公司。当签约公司加入ILP后，我们会和签约公司的董事会主席、CEO、技术主管CTO等高管面谈，询问他们一些问题，诸如：你们的技术战略是什么？目前有何问题与挑战？你们的五年长期战略是什么？如果签约公司回答诸如：目前我们有新产品的销售问题、我们想要在6个月内有上百万的销售额等，像类似

这样的问题不是我们 ILP 的工作。我们的主要工作是为签约公司的产品设计长期的行动计划。举个例子，假如你是一个手机电池厂商，你想要生产待机时间为 10 天的电池，这相对于目前手机普遍待机时长大约为 1 天来说是一个很大的挑战。ILP 会联络 MIT 此方面的专家教授和你坐在一起商讨技术方案。如果 MIT 的教授说，嗯，这个问题很有意思，很有挑战性，我想要做这方面的研究，我会和我的学生们（主要是研究生）花两年时间一起做这个项目。如果幸运的话，两年后待机时长为 10 天的电池会取代现在待机时长为 1 天的电池。然后，针对这个共同的挑战，教授和他的学生们会和这个公司签约去做这个项目。当然，我们签约的大多数项目是跨学科的，是集合了 MIT 多个不同领域的专家教授来共同迎接挑战。

从历史上看，麻省理工学院和产业界的合作由来已久。那么，ILP 和创业公司是什么样的合作模式呢？美国其他大学也有 ILP 之类的机构吗？针对我们提出的问题，受访者解释道：

  MIT 是时任美国总统林肯签署通过的赠地法案成立的大学。有的赠地法案大学的成立是为了帮助农业，MIT 的成立主要是为了帮助产业界。从赠地法案一开始，MIT 就和产业界合作，一直至今。ILP 的唯一工作就是寻找潜在合作公司，合作公司会提出需求说我们想要解决什么样的问题。需要注意的是，ILP 不做教育，我们的工作主要是和公司合作去解决其问题。其中有很多合作途径，比如，我们有一个 MIT 初创公司数据库，我们会联系会员公司与 MIT 初创公司合作，今天参加展示的就有初创公司。当然，ILP 也有一些不做的事情，比如我们不做科研开发、政策支持、教育培训、创业教育以及开办公司等。我们的目的就是帮助大公司和 MIT 合作并加速公司成长。假如你是 GE 的首席技术官 CTO，我是 ILP 的负责人，一方面，我们会询问你们公司的最大挑战是什么？然后我们会为你的项目在 MIT 寻找最合适你的教授；另一方面，我们还是 MIT 的耳朵，我们会把公司的问题

四、"IEEE"模型的要素分析

与教授交流,如果教授感兴趣你的项目,我们会单独和你联系,通知你和这个教授联系,因为这是最合适你们项目的教授。

其实,ILP是个很特殊的机构,其他大学不一定有这样的机构。如果你问MIT的竞争对手是谁?我的回答是斯坦福大学。同样是工科院校,斯坦福大学在硅谷,但是二者转移的技术不同。斯坦福大学专注的领域更多是与软件和互联网有关,MIT专注更多的是硬件等。当然,我们之间还是有很多合作的。美国大学和中国大学也有合作,如北京斯坦福中心、上海哈佛中心、上海纽约大学等教育合作项目。ILP很特殊,我们有研究中心在新加坡,但没有分校。MIT只和其他高校建立合作关系,不建分校。

不仅如此,虽然麻省理工学院也设有专门负责大学与业界、社会、社区和校友等关系的外部联系组织。但是,以IPL为联系纽带,在地方政府成为其城市会员后,ILP将为地方政府和麻省理工学院之间架起一座合作的桥梁。受访对象向我们介绍:

作为MIT 2015年中国(无锡)年会主办方,无锡市政府是当时中国唯一的一个MIT城市会员,2011年开始和MIT合作。相比中国的大学与企业合作,MIT更为积极。江苏省也准备和MIT合作。另外,无锡也有一些企业成为MIT企业会员,如一汽锡柴、上海电气等。

谈到校企合作时,我们提出了一个具体问题,企业还需要设立自己的研发中心吗?受访企业家在此给予了肯定的答复:

企业自己也需要研发中心,企业和高校里的研发不太一样,因为关注点不同。高校关注的是比较基础的研究,而企业自己的研发中心更关注产品如何进入市场和开拓市场。我们上海有一个中心,更偏应用一些,我们需要在较短时间内解决客户的要求,如工艺上与技术有关的改进等。但高校如ILP的机构,可以帮助推荐一些领域的专家教授,引领我们做前瞻性的技术。因为我们不想只跟在竞争对手后面进行产品的模仿复制,我们需要更前沿的技术以此引领市场。

最后，我们将此部分的访谈材料做了如下整理（见表5.1），将产业界和大学合作的驱动力做一下对比分析。

表 5.1　产业界和大学合作的驱动力

产业界的驱动力	大学的驱动力
大学特殊的知识、才能和基础设施建设	获得科研经费
大学和公司的研究规划有实质上的协同效应	拓宽学生发展途径
和一流的研究者建立联系	产学研合作的多样性
和大学建立长期合作关系	能解决真实问题
研究项目的知识产权有潜在重要性	科研教学创业多重身份
带给公司技术水平最好的人才	推动行业发展

由上表可见，大学和产业界的合作满足了各自不同的需求，而在此过程中，ILP的特殊角色起到了不可替代的桥梁作用。更为重要的是，处于创业教育生态系统中重要的一环，类似ILP这样的以产业联络为纽带、架接科研与产业之桥的基础设施建设，为高校的创业者和初创公司提供了一个需求出口、一个潜在合作机会的渠道。

3. 启航之翼：让创新创业插上资本的翅膀

是谁加速了高校科研创新和产业升级的速度？是谁在为技术创新的成本和学生创业的梦想买单？是谁承担了创业失败的风险？创业资本凭借敏锐的商业嗅觉和有前瞻性的市场眼光，最初就已将触角伸到高校寻找市场上具有发展潜力的初创企业，然后资金注入、风险管理，再到通过上市和收购等形式实现资本的退出。在这样一个成熟完善的创业教育生态系统中，创业资本与创业教育一直如影相随、相互陪伴，成为助推学生创业启航的资本之翼。

资金是创业活动的血液，良好的融资渠道保证了创业生态系统的正常运转。资本包括智力资本、金融资本、人力资本、组织资本和关系资本。针对创业教育生态系统，本研究将重点放在了金融资本上。金融资本包括创业教育基金、种子基金、风险投资基金、小额贷款、天使投资、私募基金、股权、债务等。对高校创业作用最大的金融资本是包括天使投资在内的各种风险投资。它们为初创公司提供启动资金，帮助初创公司进行团队管理，有的天使投资人还担当了创业公司的商业导师或技术导师，本研究将此称为"资本＋商业导师＋技术导师"的孵化模式。

斯坦福大学和麻省理工学院是创业经济模式的最佳代表，其创业资本最初来自美国国防部，后来逐步转变为风险投资基金，而目前更多的则是来自风险投资。访谈对象M1介绍了麻省理工学院在这方面的情况：

> MIT大部分的研究是政府资助的，也有一些政府直接资助的企业项目，不过资金额度很少。美国有一个很重要的关于企业和学校合作的政策"拜杜法案（Bayh-Dole Law）"。虽然受到政府资助，但学校拥有专利所有权，拜杜法案对美国高校的产学研合作非常重要，有助于大学做更多研究，然后转向企业，企业付钱给高校，学校和发明者分享成果。政府不从中挣钱，但经济增长了。另外，拜杜法案也有助于企业上市。

访谈对象M4：MIT项目资助办公室（Office of Sponsored Program，OSP）助理主任。请介绍一下OSP，以及OSP是如何赞助一个项目的？

> OSP是一个独立的机构，目前共有15个人，6个人负责洽谈合作协议。MIT每年的研究经费有七百万美金，其中20%是来自产业界，其他的来自政府。当一个公司来到MIT想赞助一项研究时，那么我的工作就是负责起草产业赞助研究的合作协议。ILP寻找到想与MIT合作的公司后，公司如果表示对某项研究成果感兴趣，双方同意合作的话，下一步就是OSP的工作。我们准备项目建议书，然后协助公司与MIT签署合作协议。

据美国硅谷银行（Silicon Valley Bank）总裁里高利·贝克表示，风险投资（VC）对美国经济的发展贡献巨大。美国大约有21%的GDP是由接受风险投资的公司创造的。根据硅谷银行的调查，美国11%的就业机会也是由这些风险投资支持的公司所产生的。

美国 PitchBook 数据公司（PitchBook Data Inc.）对全球顶尖大学中接受风险投资的创业企业家进行了 2015—2016 年度大学排名，其中，本科和 MBA 项目排名前十的本科学校，如表 5.2 和表 5.3 所示。

表 5.2　2015—2016 年度全球顶尖大学中获风险投资支持的创业企业家的大学排名（本科）

	前十名本科学校	企业家数量	创业公司数量	融资金额（$ M）
1	斯坦福大学 Stanford University	561	472	$ 5 896
2	加州大学伯克利分校 UC Berkeley	536	468	$ 4 107
3	麻省理工学院 MIT	435	369	$ 4 555
4	哈佛大学 Harvard University	404	359	$ 4 955
5	宾夕法尼亚大学 University of Pennsylvania	393	351	$ 3 047
6	康奈尔大学 Cornell University	323	291	$ 3 220
7	密西根大学 University of Michigan	312	272	$ 1 948
8	得克萨斯大学 University of Texas	293	266	$ 2 005
9	特拉维夫大学 Tel Aviv University	250	204	$ 1 754
10	伊利诺伊大学 University of Illinois	239	217	$ 2 061

表 5.3　2015—2016 全球顶尖大学中获风险投资支持的创业企业家的大学排名（MBA）

	前十名 MBA 学校	企业家数量	创业公司数量	融资金额（$ M）
1	哈佛大学 Harvard University	557	497	$ 6 746
2	斯坦福大学 Stanford University	394	341	$ 4 077

续表

	前十名 MBA 学校	企业家数量	创业公司数量	融资金额（$ M）
3	加州大学伯克利分校 UC Berkeley	536	468	$ 4 107
4	宾夕法尼亚大学 University of Pennsylvania	327	285	$ 4 084
5	麻省理工学院 MIT	219	190	$ 3 366
6	西北大学 Northwestern University	211	194	$ 2 273
7	哥伦比亚大学 Columbia University	186	174	$ 1 267
8	法国欧洲工商管理学院 INSEAD France	185	165	$ 1 936
9	芝加哥大学 University of Chicago	166	151	$ 1 520
10	加州大学伯克利分校 UC Berkeley	141	128	$ 1 253
11	纽约大学 New York University	120	117	$ 1 565

从表5.2和表5.3中可以看出，获得风险投资支持的创业者所毕业的学校不只是全球知名的私立大学，一些美国公立大学如加州大学伯克利分校等也榜上有名。本研究所选取的美国三所案例大学处于本科学校排名的前三名，说明这些学校在创业教育方面的强势。

另外，PitchBook研究报告还列举了风险投资、产业界和学术界的融合之地，比如硅谷。报告同时也指出密西根大学（University of Michigan）和科罗拉多大学（University of Colorado）也是学术界和成熟创业生态系统的交叉融合之地的代表。

4. 创新之壤：保护知识产权的专利许可

如何为创新创业提供生存的土壤？如何为发明创造提供高效便利的转

化空间？国家科技实力的强大只有技术创新是不够的，还必须拥有完善的知识产权管理机制。美国在知识产权保护、技术转让和促进科技成果转化方面提供了强大的法律支持。

在美国劳伦斯伯克利国家实验室（Lawrence Berkeley National Laboratory，LBNL）进行调研时，受访者认为创新创业需要完善的知识产权保护制度和技术转让法律体系，并向我们介绍了两部堪称里程碑式的法案。

《史蒂文森-怀特勒技术创新法案》（Stevenson-Wydler Technology Innovation Act）于1980年出台，主要是为了促进国家实验室向地方及私营部门转让其拥有的发明技术专利。1986年美国政府又出台了《联邦技术法案》（Federal Technology Act），对《史蒂文森-怀特勒技术创新法案》进行了修正，认可国家实验室和其他实体包括地方政府机构之间的合作研究开发协议。至此，知识产权许可（licensing）、国家实验室可与大学和工业界进行项目合作，这两项重要法案对国家创新创业的发展和竞争力的提升发挥了重要的作用。

《拜杜法案》是在美国经济增长速度放慢且面临日本和西欧国家经济迅速发展威胁的背景下出台的。《拜杜法案》出台后，不仅极大地促进了高校科研人员学术研究的积极性，也提高了科研人员的收入，实现了其财富的增长。更为重要的是，这在很大程度上加快了科研成果商业化的速度，对提升美国企业竞争力尤其是提升中小企业的竞争力产生了深远的影响。

专利是企业不断推陈出新的基础，且这个要素的获得需要工程师、开发人员、设计师、销售人员等相关人士的共同努力。尼古拉斯·柯林（Nicolas Colin，2015）将创业经济定义为资金、专利和创新精神的结合。美国创业经济模式中的成分含有巨额的资金、大量的专利和反叛精神。

据世界知识产权组织（WIPO）发布的数据，2014年中国专利申请数量首次位列世界第一，专利申请总量达到83.7万件，远超美国的50万件。然而，中国在海外的专利申请数量并不多。2014年仅有3.67万件，占比不足5%。反观专利强国美国、日本和德国，海外专利申请量几乎占到各自申请总量的一半。

为什么海外专利申请如此重要？因为，专利的海外申请数量是衡量本国经济和创新价值的重要指标，即专利全球性指标。通常情况下，只有具有较大市场价值的发明才需要在本国之外申请专利保护。而中国海外专利申请量比重过低，说明专利的创造性和创新性没有达到国外专利授权的标准和要求，无法在国外获得专利授权，或者专利缺乏实用价值，不需要获得国际保护。

图5.4直观地显示了麻省理工学院技术转化流程过程。那么，具体的麻省理工学院的专利发明者和高校的分成比例是多少呢？受访者M1介绍：

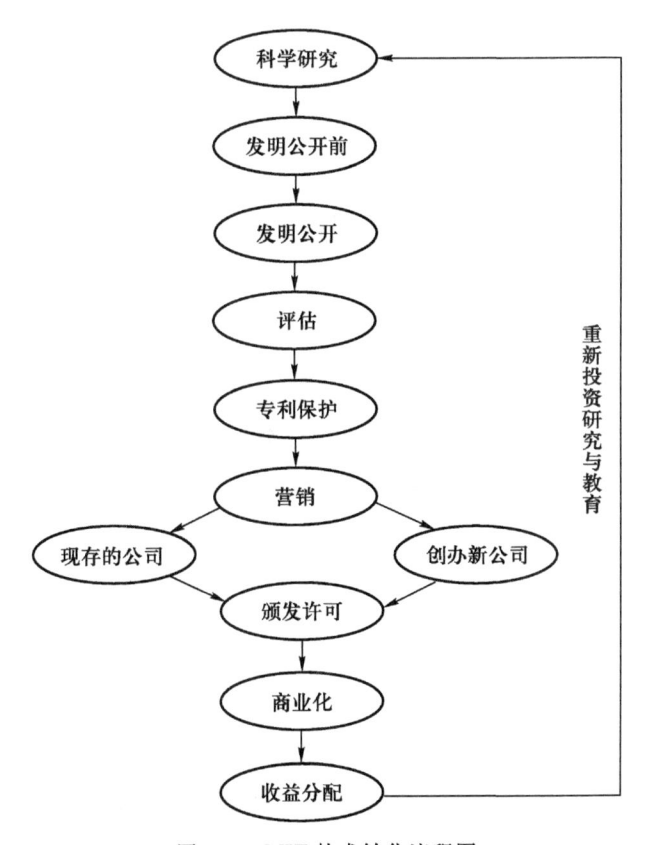

图5.4 MIT技术转化流程图

一般来讲，申请专利是需要花钱的。那么，专利税的分成比例基本上就是按照企业、实验室（专利发明者）和学校各占三分之一。如果教授做了一些基础研究，他只能通过发表文章才会有影响。但教授若想影响行业和市场，比如发明新的计算机芯片，就会对整个计算机行业有更深更大的影响。像MIT机械系教授亚历山大·斯洛克姆（Alexander Slocum），拥有已授权及待授权的美国专利70余项，这样对行业就会产生影响，因为他是设计者能解决公司的实际问题。另外，我们教授可以开设公司，但不能经营公司。MIT不允许教授经营公司，但可做咨询工作，或成为公司董事会成员。

集中式访谈的好处就是能针对同一个问题，在第一时间了解不同访谈者的思想。在对麻省理工学院的集中访谈中，我们就知识产权保护的问题得到了三方面的回答。

从学校的角度，学校和企业在知识产权方面是如何合作的？MIT的受访者介绍：

> MIT有很好的知识产权机制。知识产权归属的基本原则是，如果与企业合作，知识产权属于MIT，虽然企业希望付费拥有知识产权。MIT认为知识创造的过程不是为企业打工的过程。那么，这种合作对企业能有什么好处呢？企业可以优先决定是否拥有专利独占许可权（exclusive license）。到底需要多少价钱进行专利转让，由企业和学校相互商量。学校非常支持与企业的合作以及学校与企业间的知识产权转换。

从政府的角度，在企业与高校合作时，专利归属和知识产权保护方面政府有什么特殊的政策吗？来自政府的受访者解释：

> 在校外办的研究院是属于学校的一个机构，校方认可教授的科研成果和专利，在这个领域产生的收益归教授。相比学校内部的政策，校外研究院要更灵活些；政府对研究院也有资金投入，可以把学校专利收购回来，这样就跟学校形成商品交换关系。收购来的专利再放到

一个平台上卖给企业，一方面教授的利益得到了保护，另一方面专利与学校的关系就很清楚了，这样的话能够调动教授积极性。

从企业的角度，如果是企业资助的研究专利，学校如何处理？

虽然是企业资助，但 MIT 拥有专利权，企业可以使用此项专利，但不是专利独占许可（exclusive license），MIT 可以授权给其他公司使用。若企业想自己拥有专利须再付钱，除非专利是学校和企业联合拥有的（jointly owned）。原则上 MIT 不把专利授予给投资者，这是 MIT 的政策。我们希望和公司共同成长，而不只是项目合同关系的合作。

中国高校教授存在教学和科研之间的矛盾，美国高校是怎样的？

我们从科研、教学、服务三个方面评估教授，有的教授跟企业合作，但教学做不好也评不了终身教授，我们对科研和教学两项都并重。教师的晋职没有竞争，只要够条件就可晋升，没有名额限制。我们的规章制度很清晰，教授可以开办公司，但为保障教学，规定一个星期只能有一天在公司办公。美国大部分学校都是这个政策。另外，如果公司的原则和学校的原则有冲突的话，我们就不做公司项目。

5. 学术之根：创新创业教育的学术基础

学术要素包括课程体系、课外活动、创业课程与教学方法、教育和培训、创业学习成果和影响力的评估。学术水平是一个重要的指标，因为较高的学术水准能带来较多的资金支持、较强的师资和较好的生源，而这些也正是推动学术向更高方向发展的重要因素，如果能就此形成一个良性循环，学校的发展和进步可以说是指日可待。相反，如果学术水平不够，学校就会很快被社会所淘汰。

校级跨学科研究中心是集学术与创业为一体的创业组织。在院系之外重新组建学术力量，建立校级研究中心来开展大学重点战略领域的研究。这些研究中心根据研究主题建立，解决社会现实问题，与产业界合作，转化大学研究成果。校级跨学科研究中心、项目的建立是大学创业的"先锋队",是大学学术资源的整合者,是大学知识的转化者。传统的学院就像是企业的研发、技术支持部门,通过与校级研究中心合作的形式,为大学供应学术创业的基础知识。在校、院级研究中心的带动下,在大学创业战略的统一指引下,学院里的教师也越来越富有创业精神。

6. 创业之魂:容忍失败的多元创业文化

创业教育生态系统要在高校内形成鼓励创业的文化氛围,包括社会对学生创业的宣传、对创业者的尊重、对创业失败的宽容。激发人们对创业的渴求和抱负,对创业成功者的广泛宣传可以点燃公众的想象力,产生更多的模仿者,从而刺激创业生态系统的蓬勃发展(沈漪文等,2013)。

位于多伦多市中心的MaRS科技园(MaRS Discovery District)成立于2000年,是一所非营利性创业孵化机构,致力于技术成果的转化和商业化。MaRS受访者自我介绍完后表示,多元文化形成的基本条件是要有大量来自不同文化背景的人汇聚于此。她首先向我们提供了下面一组数据:

在联合国开发计划署(United Nations Development Programme, UNDP)于2004年发布的《外国出生人口最大比例的世界城市列表》(*List of World Cities with the Largest Percentage of Foreign-born Population*)中,多伦多位列第二。

目前,MaRS科技园已成为多伦多地区面向初创企业、风险投资和企业家进行高科技创新、项目孵化和社会创新的集群中心(cluster)。接着,受访者又提供了另外一组数据来说明一个具有多元文化的城市对于创业的重要性。

位于旧金山的"创业基因(Startup Genome)"研究公司于2012年4月发布的关于创业生态系统的数据中,在创业环境的一项排名中,多伦多在世界25大城市中排名第四。普华永道(PwC)两年发布一次的《城市机会》(*Cities of Opportunity*)排名,在通过对全球30个城市的商业、金融、生活质量、经济潜力、教育和文化等指标分析后,于2016年发布的第七次排名中,多伦多位列第三。

四、"IEEE"模型的要素分析

而关于对失败创业的容忍，MIT的受访者谈道：

> 培养企业家有个很重要的情况就是：对失败的容忍。大多数企业家在成功之前都失败过多次。如果惩罚失败者就很难让人们去承担责任。MIT技术公司，有校友资助的项目、有政府资助的项目，早期项目可申请小额资金资助去做研究写商业计划书，不过会遇到"死亡之谷"（valley of death）。另外一些种子资金和孵化器也会去帮助学生创业。

最后，在此介绍一下处于外部链接中的政府在创业教育生态系统中所起的作用。在和无锡市政府的访谈中，我们了解到了在高等教育机构与外部机构合作（政产学研合）中，政府所扮演的角色。

> 我们这几年一开始是政府和学校合作，政府每年组织企业基层干部去学校，但一次去几十个人，也只能是几十个企业，效果并不是很明显。后来，我们由原来简单的政府和学校的合作，变成政、产、学合作的平台，让学校到无锡来创办大学研究院。目前，共有28个大学研究院、35个科研单位的研究院，其中包括清华大学、复旦大学、上海交通大学、浙江大学、东北大学等高校。

> 转化后的科研成果，研究院和园区、企业共同分享，促使学校教授愿意把自己的成果产业化，借助平台也为院校可以寻找更多的当地项目，学生也可以在这个平台上一起来创业。像华中科技大学无锡研究院，在智能制造方面是强项，与很多企业有合作，像无锡透平叶片厂是很大的企业，仅装备就有很多加工中心。企业关注市场多，但科研的前瞻性欠缺，华中科技大学能帮助解决这方面的问题，企业就愿意出资合作。这个平台帮助企业解决了问题，企业也非常愿意与学校合作。原来都是单独的企业与学校合作，现在则是通过平台的模式合作。

在此，我们对"IEEE"模型及其要素之间的生态关系做个总结。"嵌入式双轮驱动型"国际创业教育生态系统（IEEE）不是一个静态的、单向流动的系统，它是一个由高等教育机构基于"六大要素"和外部环境（如政府、企业、市场等有机组织）所形成的双向的动态循环机制。

具体来说，"IEEE"模型是基于高等教育机构自身条件及其生态因子的自我认知，是通过外界生态环境的影响，不断迭代、自我优化的动态过程。国际创业教育生态系统（IEEE）的实施需要"内嵌系统"和"外部链接"两个圈层的"双轮驱动"。一是需要依靠"内嵌系统"，把高校内部各个机构组成的"要素之轮"转动起来，加快以学生创新思维培养为核心的创业教育，充分为创业者夯实创新创业之学术基石。二是需要依靠"外部链接"，实现创业教育与行业产业的"合作之轮"同步转动，通过市场激发创新创业的活力，努力为创业者搭建行业产业之合作桥梁。

至此，上述解释不仅回应了本研究问题1（创业教育生态系统的关键要素有哪些？）和问题2（要素之间是何种相互关系？），也对研究问题3（高等教育机构如何实施创业教育生态系统？）做了回答。

五、"IEEE"模型的基本特性

从生态学的角度看，创业教育生态系统是由若干个组成部分在特定的生态环境下，相互依存、共同发展的有机整体。因此，国际创业教育生态系统具有开放的基本特性。国际创业教育生态系统的开放性具体表现为，它与外部创业环境随时进行着诸如产品、市场、客户、风险投资等生态因子的信息交换，通过不断维持系统自身与外界环境的动态平衡，达到系统的可持续发展。如图2.2教育生态系统图所示，教育机构天然地嵌入于开放的社会生态系统中，创业教育系统与外部社会环境紧密相连、相互作用，开放性使得系统不断提高自适应性。自适应性是指创业教育生态系统内部各要素之间以一种稳定有序的方式彼此互动与互应。国际创业教育生态系统的目标，就是要通过对外部社会创新创业环境的长期预测与深入分析，逐步建立起完善的创业教育发展战略。

因此，高等教育机构在构建自身创业教育生态系统时，要注重外部社会创业环境的变化。高等教育机构需要在外部社会生态环境中确立自身定位，以及发展与其他创业生态因子的良性互动关系，并对"IEEE"模型各要素间的互动关系进行分析，积极发现并建立与外部环境合作共赢的机会，以确保高等教育机构的"内嵌系统"与"外部链接"达到良性互动。

本 章 总 结

当运用"IEEE"模型框架解释创业教育生态系统的发展时，我们可以看到，无论是"内嵌系统"，还是"外部链接"，都已经超越特定地域的局限。如何在遵循企业家精神原则、教育属性原则、生态化原则和国际化原则的基础上，以"创业者"为核心，充分围绕"六个要素"，构建一个完整的国际创业教育生态系统是"挑战研究者智慧与能力的新课题"（史静寰，2006）。

美国密西根大学原校长詹姆斯·杜德斯达（2005）曾表示，"教育机构必须具有更强的适应力和应变的能力来为这个变化中的世界服务，由于大学多样的使命和数目众多的参与者，大学变革所遇到的挑战远比商业部门和政府部门复杂得多。必须采用战略而不能仅做出反应，要深入理解大学的使命及重要的传统和价值标准，并对未来的前景有清晰的认识。"

本研究认为，高等教育机构应该着眼于自身在整体社会创业系统中的特殊价值，明确自己特定的生态位，积极地为外部创业生态系统输出自己不可替代的营养和资源（专利技术、优秀师资学生等），如此才能实现将校内的创业教育环境深度嵌入到社会创业生态系统中，使高校创业教育拥有强大的动力源泉。

第六章

基于国际创业教育生态系统模型的案例分析

如果我们做不到,我们将致力于反思并做得更好。

——伊士瓦·普瑞[①]

If we fall short, we are committed to reflecting and to doing better.

——Ishwar K. Puri

---

① 印度裔美国人和加拿大科学家、工程师和学者。美国南加州大学副校长、加拿大麦克马斯特大学工学院院长。

第六章 基于国际创业教育生态系统模型的案例分析

经过前文论述，本研究从生态学的视角出发，基于扎根理论，建构了一种新的国际创业教育生态系统（IEEE）模型。新建构的模型来自实践，但是能否为高校创业教育体系的建立提供有价值的参考，能否对高校创业教育实践起到通用性的指导，还需要在实践中检验模型的合理性。因此，本章节就基于国际创业教育生态系统模型，对美国和加拿大的八所大学进行案例分析。案例的选取遵循两个基本原则：① 案例具有一定的代表性和启发性，才能将特性合理地联系在一起，有助于进行理论的建构。② 选取了多个案例进行分析。在研究中，任何数据来源都存在一定的局限性，通过多种途径或多个案例来弥补数据来源的局限性十分重要。相对于单案例而言，多案例能够提供更丰富可靠的答案，不仅使得抽象的分析变得更加具体，更能够确认结论的共同特征。

本研究分别选取了四所美国大学（斯坦福大学、麻省理工学院、加州大学伯克利分校、普林斯顿大学）和四所加拿大大学（多伦多大学、滑铁卢大学、麦克马斯特大学、瑞尔森大学）作为案例对象，对其极具鲜明特色的创业教育进行分析。北美高校创业教育发展得较早，且创业教育体系已经成熟，创业成果丰富且显著，十分具有典型性。另外，在地理位置上，这几所高校都处于创新创业的活跃地区。斯坦福大学、加州大学伯克利分校位于美国西部的硅谷地区；麻省理工学院和普林斯顿大学位于美国东部地区；多伦多大学、滑铁卢大学、麦克马斯特大学、瑞尔森大学位于加拿大多伦多市中心及高科技地区。这些地区具有发达的商业机制、金融体系和丰富的人力资源，创业教育十分具有广泛性。

纵观国际上开展创业教育的高等教育机构，美国高校已走在世界前列。创业教育已成为美国高校（尤其是在商学院和工程学院）中发展最快的学科领域（Pittaway et al, 2007）。其中，又以斯坦福大学、麻省理工学院、加州大学伯克利分校、普林斯顿大学等高校最具代表性。下面就分别对这四所高校的创业教育生态系统进行案例分析。

一、斯坦福大学——影响全球的硅谷战略

当我们讨论创新创业时都必提硅谷,然后通常下一个提到的就是斯坦福大学,这不足为奇。保罗·格雷厄姆(Paul Graham,2006)在其发表的演讲"如何成为硅谷"中曾表示,"没有一流的大学就没有一流的技术中心。如果你想创建另外一个硅谷,你不仅需要一个大学,而且还必须是一所世界一流的大学。"保罗所指的大学就是斯坦福大学。在硅谷进行实地调研时,受访者谈到斯坦福大学都提到"硅谷之父"——斯坦福大学前副校长弗雷德里克·特曼(Frederick Terman)。

1. 强有力的领导核心、前瞻性的战略决策是"IEEE"模型的关键要素

(1)一个强有力的领导核心。斯坦福大学的快速发展得益于20世纪50年代,由时任斯坦福大学工程学院院长(1945—1953)和教务长(1955—1965)的弗雷德里克·特曼(Frederick Terman,1900—1962)所提出的建立斯坦福科技园的构想。当时斯坦福的管理正陷于财务危机,而硅谷也正处于"创业时代"(1887—1968)。[①]因此,在1950年,弗雷德里克·特曼提出将八千多英亩的学校土地部分出租给工业界和高科技公司,以缓解斯坦福的财务危机。1951年,斯坦福科技园完成规划,随后一批世界级的公司纷纷入驻,如IBM公司(1952)、瓦里安公司(Varian,1953)、惠普公司(HP,1954)、通用电气公司(GE,1954)、柯达公司(Kodak,1956)、洛克希德公司(Lockheed,1956)、仙童公司(Fairchild,1957)以及后来的思科公司(Cisco)、谷歌公司(Google)、雅虎公司(Yahoo)等数以百计的高科技公司。

---

① 《硅谷百年史》丛书三册以编年体的顺序,将百年硅谷史分为"创业时代"(1887—1968)、"创新时代"(1968—1990)和"互联网时代"(1990—2015)。

（2）前瞻性的战略决策。在弗雷德里克·特曼强有力的领导下，斯坦福大学还推进了一项关键的战略举措——"学术顶尖战略"。斯坦福大学选取了几个工程学科，如化学工程、物理工程和电子工程为重点发展学科，并向其他相关学科辐射，形成了一批学术顶尖学科，迅速提高了斯坦福大学不仅在全美而且在全球研究型大学中的学术地位。不仅如此，特曼还积极鼓励学生创业，并大力引进风险投资。后来逐渐形成了我们现在所称的"硅谷"（Silicon Valley），而特曼也被后人称为"硅谷之父"。弗雷德里克·特曼当年的决定不仅奠定了硅谷的地位，也改变了斯坦福大学的格局。

在这里让我们设想一下，假使当年斯坦福大学没有遇到财务危机，它是否会发展成为一所传统意义上的只注重于科研教学而非与工业界紧密结合的大学呢？假使当年弗雷德里克·特曼没有想到利用出租校园土地的方法筹取办学经费，斯坦福大学是否最终会变为由政府资助的公立性大学呢？这些我们都不得而知，历史也无法重演。但毫无疑问的是，从创业教育生态学的角度看，一个具备核心领导力的前瞻性发展战略对斯坦福大学-硅谷创业生态系统的形成起到了至关重要的作用。正是在具有核心领导力的发展战略指导下，斯坦福大学积极构建创新创业生态系统，并开展了有效的政、校、企合作，不仅为硅谷孵育了一大批世界一流的高科技企业，也使自己立于世界一流大学前列。

2. 斯坦福大学创业生态系统符合"IEEE"模型建构的生态化原则

从生态学的视角出发，我们根据斯坦福大学创新创业教育历史的发展去分析斯坦福-硅谷的共生关系，其中有六个"生态因子"有助于创造斯坦福-硅谷的创新创业生态系统。

（1）富有冒险精神的文化。斯坦福大学计算机科学教授、前教务长威廉·米勒（William Miller）指出，斯坦福大学真正突出的是它教给学生用开放的态度去接受失败。史蒂夫·乔布斯（Steve Jobs，1995—2011）在斯坦福大学2005年毕业典礼上的演讲说出了著名的一段话，"求知若渴，虚心若愚"（Stay Hungry, Stay Foolish）。还有最重要的是，你要有勇气去听从你的直觉和心灵的指示——它们在某种程度上知道你想要成为什么样子，所有其他的事情都是次要的。

（2）天才、多样化、有想象力的学生。美国校园里的学生们正在通过科学技术改变世界，如雅虎（Yahoo）、谷歌（Google）、脸书（Facebook）等公司，这样的学生有足够的才华去创办公司，去通过新产品和新技术改变世界。"T型"（T-shaped）学生——就像斯坦福大学校长约翰·亨尼西（John Hennessy）希望的那样，不仅是一个领域的专才，还应该是接受了更广泛的教育。"T型"学生不仅要有"正交"的能力，而且也应该意识到团队对于创造出伟大产品的重要性。因此，他不应仅仅是关注个人的技能，还要加强与团队的合作能力。

（3）一个回馈社会的社区。学生创业成功容易被忽视的一个方面是，成功的企业家和风险投资家在时间、金钱和建议上的慷慨给予。校友回馈大学的不仅是他们的时间和指导，还有捐款。2013年，斯坦福是第一所收到超过10亿美元校友捐赠款的大学。2013年的筹款更是达到了五年来的最高，共筹得62.3亿美元，远远超过当时43亿美元的最初目标。

（4）雄厚的资金。资金是帮助学生将点子变为现实的一个重要因素。斯坦福大学是幸运的，因为有许多风险投资家遍布在如此接近校园的沙丘路（Sand Hill Road）和大学街（University Avenue）上。当然，风险投资的根也来自斯坦福大学。想要创业的斯坦福学生有足够多的机会向投资者展示自己的点子或产品原型。从创业大赛到创业课堂，学生随时都可以和创业导师讨论创业计划。学生还可以入驻学校附近的加速器或孵化器推进初创公司的下一步发展。

（5）产业合作。仔细研究斯坦福大学的创业历史不难发现，大学和产业界之间的密切合作一直持续到今天。斯坦福大学工程学院院长（1945—1953）和教务长（1955—1965）弗雷德里克·特曼强调，学校与行业应有着密切的联系，大学要确保学生不只是对纯研究的工作感兴趣，而且还要应对现实世界的挑战。今天的斯坦福大学及其附属机构有60多个项目遍布大学，为产业提供研究途径、了解参与项目的教师、提供招聘学生的机会。

（6）政府支持。斯坦福大学在科研和创新上的成功经常被忽视的一个方面是来自政府资金对本科教育的大力支持。斯坦福大学从根本上来说是一所研究型大学，最初研究经费几乎都来源于政府，尤其是美国国家科学基金会、国家卫生研究院、国防部和其他机构。当弗雷德里克·特曼任工程学院院长时，他寻求政府资金是因为其限制少，可持续性地资助大笔资金推动学术研究项目。相反，对于产业赞助商，只想资助与其自身利益直接相关的研究项目。

3. 技术许可办公室的存在证明"IEEE"模型"六大要素"中专利许可的必要性

成立于1969年的技术许可办公室（Office of Technology Licensing, OTL）进一步帮助了教师和学生初创公司的研究成果商业化。自成立至今，已有超过200家公司（包括谷歌Google）是通过技术许可办公室的许可技术成立的。今天，已经有18 000多种发明专利被披露，有超过10 000件的专利在申请中，有超过5 000个专利被授予。而作为教授和学生的合作伙伴，斯坦福大学的技术许可办公室每半年举办一次"创新农场"活动。斯坦福大学的学生、校友、发明家及其他相关人员在活动上一起探讨斯坦福大学的技术在各个行业的潜在应用。通过参加这个活动人们获得了诸多好处：如何创办新公司、初创公司的技术如何商业化、了解课堂之外的最新技术和市场的发展状况等。

4. 斯坦福大学和硅谷的关系具有"IEEE"模型动态性的基本特性

许多国家和大学都在寻求创建另外一个硅谷。然而，必须清楚地认识到，硅谷和斯坦福大学是一个整体的不可分割的生态系统。斯坦福大学不仅仅是一个校园，更是一个社区——一个建立在一流大学之上和政府与产业界之间保持良性互动关系的社区。建立这样的一个社区，只有特定的物理空间和研究机构是不够的。建立这样的一个社区，需要有具备核心领导力的发展战略、从事尖端科学研究的优秀科研人员和学生、风险投资和私募资本、工业界和学术界之间的合作、发展多学科"T型"学生以及富有冒险精神的创业文化。这些确定的因素为建立一个创业教育生态系统提供了发展路线图。

关于斯坦福大学和硅谷之间谁成就谁的问题,有太多的学者从不同角度进行了论述。吴军(2016)认为,"事实上,斯坦福大学和硅谷之间并不是'因为有一所著名的大学,所以才带动了周边的科技产业发展'这样的一种因果关系。今天斯坦福大学和硅谷之间是鸡和蛋的关系,更多的是相辅相成,而不是谁决定谁。如果一定要找出一点因果关系或前后次序,则与其说是斯坦福大学造就了硅谷,不如说是硅谷造就了斯坦福大学,因为斯坦福大学的腾飞是在硅谷成立之后。"

聚焦于本研究问题核心,本研究认为以"硅谷之父"弗雷德里克·特曼为核心领导力的发展战略,是斯坦福大学和硅谷能成为"一个整体的生态系统"的关键要素。同时,硅谷后来的繁荣(20世纪60年代以后)也"反哺"回来推动了斯坦福大学的发展,形成了一个创业教育生态系统的良性循环。这充分体现出了"IEEE"模型的动态性的基本特性,即高校在其创业关系网络中进行互动关系分析,寻找和发现合作的机会,以确保创业教育生态系统的"内嵌系统"与"外部链接"达到良性互动。

二、麻省理工学院——产业联络合作之典范

位于美国东部的麻省理工学院(Massachusetts Institute of Technology,MIT)是美国另一所著名的私立研究型大学。自1861年成立以来,学院的学生、教师和校友们都忠实地遵循着MIT的校训"Mens et Manus"(拉丁语"心和手",即"理论与实践并重")。

1. MIT的全球创业影响体现出"IEEE"模型建构的国际化原则

凯瑟琳·邓恩(Katharine Dunn)于2005年9月发表的一篇名为《创

业生态系统》的文章认为，MIT 的创业教育不只是集中在商学院，而是形成了一个基于高校的、培养创业精神的"创业生态系统"。虽然这篇文章已过去十多年，但其介绍的麻省理工学院的创业精神和创新之路，对于今天仍具有积极的借鉴意义。在过去的十年里，数百个组织、课程、研讨会和奖励如雨后春笋般在麻省理工学院涌现。如今麻省理工学院为每个从高中生到退休的校友提供着所有的创业支持，从创意的产生到为首次公开募股（IPO）做准备，无论他们是在波士顿还是遥远的迪拜。

2. MIT 的创业教育符合以"IEEE"模型为基础的教育支撑体系

前文提到的《MIT 创业创新：持续的全球增长和影响》研究报告分析了创业趋势和校友在公司成长和创新等方面做出的贡献。

（1）毕业生的创业活动呈增长趋势。在上一个十年，校友成立了大约 12 000 家公司；而在最近的五年，新成立公司的数量已经达到 9 100 家。报告预测，若按照这个趋势，到 2020 年每 100 位校友中就将产生 18 家公司。相较于上十年成立的 13.4 家，比例有很大提升。这种变化直接反映了麻省理工学院创业教育所取得的成绩，而这还不包括由非麻省理工学院校友的教授或工作人员成立的企业。报告统计结果还表明，麻省理工学院校友正以越来越快的速度介入全球创业创新，且年轻化趋势明显。

（2）创业改变了毕业生的就业观念。麻省理工学院校友创业的年龄趋向年轻化。在过去的 80 年中，首次创业的平均年龄从 20 世纪 40 年代的 39 岁，下降到 2000 年的 30 岁，到现在的平均年龄 27 岁。研究人员表示，创业年轻化是大势所趋。其中之一的原因是，现在创办公司的门槛越来越低（互联网、云计算、众筹、共享经济等新生事物和概念的出现，使得创业成本得以降低），同时，融资也更为便利。创业年轻化的另一个原因是，在过去十年中越来越多的创业课程和商业竞赛的出现，极大地改变了学生们的就业观念。

（3）校友创业贡献突出。报告同时还关注了麻省理工学院校友在创新方面的贡献，包括专利申请和支持企业发展等。具体情况和数字如下：

31%的校友持有一项或多项专利；20%的校友是公共或私营企业的董事会成员；55%的校友在现有公司中领导产品与项目开发；22%的校友作为早期员工亲历企业的创立与成长；38%的校友曾作为早期员工，并最终成立了自己的企业。

（4）最后，报告得出的结论主要分为三个方面：①经济影响：包括企业所在地、雇佣情况及产值等；②创业趋势：包括创始人性别及年龄等；③对外部创业的贡献：包括持有专利及支持企业发展等。一些关键结论如下：25%的校友创办了企业，这些人中的40%是"连续创业者"（指创办了2家或2家以上的公司）；毕业后5年内创业的校友数量在20世纪60年代为4%，在20世纪90年代为8%；2010年以后毕业的校友中，有11%已经成立了公司（相比之下，这个比例在上升）；校友企业中有80%的公司生存了五年，70%生存了10年（美国全国的统计数据分别是50%和35%）；麻省理工学院的创业精神惠及美国东西海岸：有超过30%的受访企业位于马萨诸塞州。

3. 作为链接高校外部的产业联络项目符合"IEEE"模型的关键要素

（1）产业联络项目有效促进产学研合作。建立于1948年的麻省理工学院"产业联络项目"（Industrial Liaison Program，ILP），起源于"二战"期间美国政府委托麻省理工学院进行重大技术研发，并将技术成果授权给企业进行商业开发。这在当时，是世界上第一家与产业界开展全面技术合作战略联盟的大学。ILP的使命就是促进麻省理工学院与全球业界创新企业高效地开展产学研合作。

2014年，麻省理工学院有743个新发明专利披露，授权许可总收入高达7 900万美元。2015年就有超过200家世界知名企业成为"产业联络项目"的企业会员，与麻省理工学院进行先进研发合作。这些会员企业在全球的分布比例为：27%来自北美，22%来自亚洲（除日本），31%来自欧洲，13%来自日本，7%为其他地区。这些企业分布在产业界的不同领域，既有传统行业，又有高科技行业，包括英特尔公司、苹果公司、东日本旅客铁路公司、法国电力公司、通用电气公司、本田公司等。英特尔公司最近则刚与麻省理工学院合作在波士顿成立了一个"大数据研究中心"。

（2）产业联络项目体现了国际化原则。重在促进产学研合作的"产业联络项目"办公室，长期以来一直与世界各国产业界保持着密切的关系。目前，已有超过750家全球知名企业和教师及学生在共同感兴趣的项目上进行合作，如巴斯夫、波音、杜邦、福特、谷歌、英特尔、洛克希德·马丁、诺华、雷神、赛诺菲、三星、壳牌、西门子、道达尔。从公司会员数量的统计数字上可以看出，全球化的比例仍在增加。日本、欧洲等国家与MIT合作已有很长的历史，现在发展中国家尤其是金砖五国越来越重视与MIT开展合作。

（3）产业联络项目更多的是承担着链接大学和外部（政府、企业）的桥梁作用。产业联络项目每年组织教师和研究人员参与1 600多次和产业界的互动，如公司访问学校、教师访问公司和共同举办论坛。由于产业界对麻省理工学院的研究的需求越来越强烈，学院创业的影响正在蔓延，并已超出校园实验室的范围，扩展到了更广泛的周边市郊甚至全世界。

4. 产业研发支出体现出"IEEE"模型"六大要素"中资本的重要性

产业界对麻省理工学院的研究一直非常关注。2014年，麻省理工学院的研发经费为6.74亿美元，而来自产业界的研发经费就高达1.28亿美元，占全部研究经费的19%。2014年MIT研发经费比例如图6.1所示。这个数字超过了美国任何一所研究型大学，根据美国国家科学基金会（National Science Foundation）的数据，麻省理工学院在所有大学和学院（不包括医学院）研发经费的排名中位列第一。

5. 初创交换项目遵循了"IEEE"模型建立的教育属性

麻省理工学院正在塑造和定义一个独特的创新创业社区——初创交换（Startup Exchange，STEX）。STEX是麻省理工学院的一个创新创业生态网络社区，特别是针对麻省理工学院的产业联络项目成员、校友初创公司和麻省理工学院所有员工或有参与创业的MIT校友。STEX项目是全世界

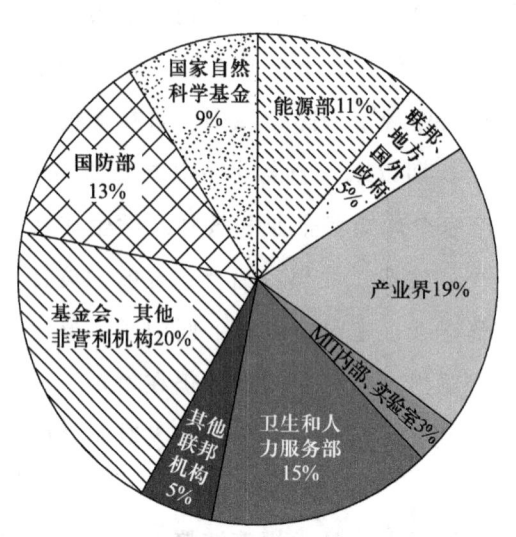

图 6.1　2014 年 MIT 研发经费比例

最创新公司和初创公司在新市场和新技术上的合作，目前已有 1 000 多个初创公司加入。集群技术包括：信息和通信技术、生物技术、纳米技术、能源技术、先进制造、医疗保健和混合型创新等。

STEX 相当于麻省理工学院初创公司的数据库，按照初创公司的规模、初创阶段、技术类型等进行了分类。公众可以自由地访问网站查看一些初创公司的基本信息，但详细信息如联系方式等不能查阅。只有 STEX 的社区成员，包括产业联络项目（ILP）成员，STEX 的注册公司，麻省理工学院的教授、学生和工作人员可以搜索到详细信息。初创公司如果在 STEX 上注册成功后，产业联络项目（ILP）会员或其他和 MIT 有联系的（MIT-contacted）公司或组织则能很容易地找到这些初创公司。在 STEX 上注册的公司代表了世界上最先进的创新性技术和经营理念，能帮助 ILP 会员企业高效便捷地接触到最合适的创业团队。

6. 创业公司行业转型体现出"IEEE"模型的开放性特征

与美国经济和大多数经合组织（OECD）国家类似，目前，麻省理工学院初创公司集中在制造业的数量正逐渐减少，越来越多地转向服务业。

调查显示，在 20 世纪 80 年代，麻省理工学院校友成立的公司平均分布在制造业和服务业。然而，在 20 世纪 90 年代服务业获得了大力发展。在这期间，70%的初创公司转向服务业，如图 6.2 所示。近十几年来，初创公司数量在服务业和制造业的占比分别是 7：3。

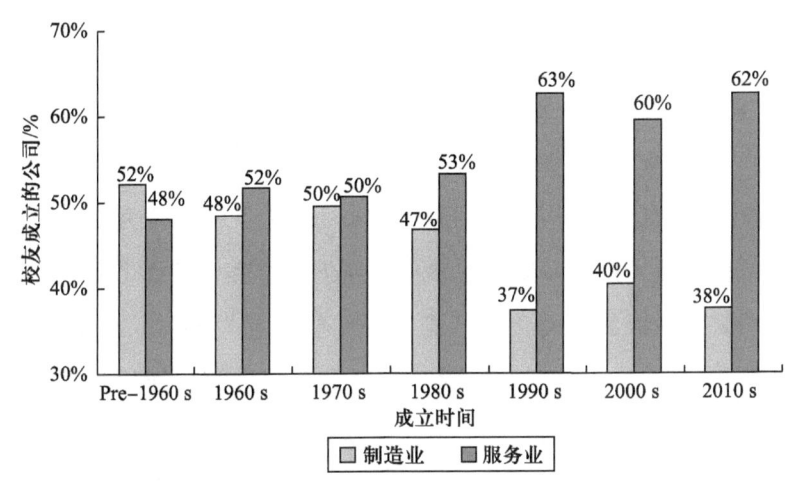

图 6.2　MIT 校友成立的公司所占制造业与服务业比例（1960s—2010s）

7. 可持续发展的创业教育生态系统符合"IEEE"模型建立的生态化原则

（1）麻省理工学院的初创公司正快速增长，甚至可以从美国经济或世界经济的角度去观察。麻省理工学院创新创业生态系统在一些地区也逐渐形成，如美国的马萨诸塞州肯德尔广场、硅谷和纽约等；美国境外的如以色列、伦敦和新加坡等；还有近年来的中国市场。值得思考的是，这些创业公司都是在麻省理工学院校友离开校园后发展成立的。

（2）对创新的支持，特别是对初创公司的影响来自麻省理工学院持久的创新文化和理论联系实践的教育方法。数量众多的创业项目和中心以及支持创新文化的氛围，使得学生们充满了创业的野心。20 世纪 60 年代，麻省理工学院的斯隆管理学院开设了第一门创业课程——"新企业"（New Enterprises）。1996 年，麻省理工学院创业中心（现为 MIT 创业马丁信任中心 Martin Trust Center for MIT Entrepreneurship）成立。在 2014—2015 学年，麻省理工学院的创业课程共有 63 门，包括了学院各部门的各种项目，吸引了学院上千名学生注册。

（3）MIT 的创新创业教育生态系统建立在三个原则基础之上：① 理论联系实践的校训（心和手"mens et manus"）；② 团队，非个人；③ 跨学科合作。从过程角度看，MIT 从创新到创业一般经历 7 个阶段：创业阶段、技术发展阶段、商业化计划阶段、企业计划阶段、形成企业阶段、早期成长阶段、高速增长阶段。为迎合不同阶段的需求，学校先后建立了六大独立运行、各有侧重、有效互补的机构，构建了一套较为成熟的"孵化器体系"，在推动大批高素质人才参与创新创业过程中发挥了关键作用。查尔斯将 MIT 的创新创业简化为"选择-导向-连接"模式，并总结了 MIT 所拥有的六个条件：一是创业点子，产生于基础科学和知识，这是大学的根本。二是点子应当能够解决社会问题。哪里有问题，哪里才会有市场。三是把研究创新推向市场，需要获得资金和专业指导，弥补创业者对客户和产品的了解不足。四是"内部生态体系"相互促进，降低创新风险，确保创新的收益。五是有"外部生态体系"支持，培养并采纳创新的想法。六是拥有冒险精神、洞察力和执行力的企业家。

（4）麻省理工学院创业教育生态系统图（见图 6.3）

创业（Entrepreneurship）
  MIT 10 万美元创业大赛（MIT $100K Entrepreneurship Competition）
  Deshpande 技术创新中心（The Deshpande Center for Technological Innovation）
  MIT 创业中心（MIT Entrepreneurship Center）
  MIT 创业论坛（MIT Enterprise Forum）
  列格坦发展创业中心（The Legatum Center for Development and Entrepreneurship）
  莱梅尔逊-MIT 项目（The Lemelson-MIT Program）
  风险投资和私募股权俱乐部（Venture Capital & Private Equity Club）

学习（Learning）
  交通与物流中心（Center for Transportation & Logistics）
  房地产夏季专业发展课程中心（Center for Real Estate Summer Professional Development

Courses)
 工程系统部（Engineering Systems Division，ESD）
 Knight 科学新闻奖学金（Knight Science Journalism Fellowship）
 MIT 职业教育（MIT Professional Education）
 MIT 斯隆行政管理教育（MIT Sloan Executive Education）
 斯隆奖学金项目（Sloan Fellows Program）
 系统设计和管理项目（System Design and Management Program，SDM）

就业（Recruiting）
 工程领导力项目（Bernard M. Gordon-MIT Engineering Leadership Program）
 MIT 全球教育和职业发展（MIT Global Education and Career Development，GECD）
 斯隆职业发展办公室（Sloan Career Development Office，CDO）
 本科实践机会项目（Undergraduate Practice Opportunities Program，UPOP）

导师（Mentoring）
 创业指导服务（Venture Mentoring Service，VMS）
 MIT 创新行动（MIT Innovation Initiative，MITii）
 创业 101 在线课程（MITx course Entrepreneurship 101）
 区域创业加速计划（Regional Entrepreneurship Acceleration Program，REAP）

基础设施建设（Infrastructure）
 产业联盟项目（Industrial Liaison Program）
 MIT 初创公司交换（MIT Startup Exchange，STEX）
 资助项目办公室（Office of Sponsored Programs，OSP）

专利（Licensing）
 技术许可办公室（Technology Licensing Office，TLO）
 Deshpande 技术创新转化研究中心（Deshpande Center for Technological Innovation's Translating Research）

全球化（Global Entrepreneurial Outreach）
 全球创业实验室（Global Entrepreneurship Lab）
 MIT 国际科技行动（MIT International Science and Technology Initiatives，MISTI）
 全球初创实验室（Global Startup Labs）
 塔塔中心（Tata Center）
 IDEAS 全球挑战（IDEAS Global Challenge）
 全球创始人技能加速器（Global Founders Skills Accelerator，GFSA）
 全球运营领导者（Leaders for Global Operations，LGO）
 大挑战孵化器（Mass Challenge）

    图 6.3 MIT 创业教育生态系统图

(5) 专职科研队伍与学生是 MIT 创新创业的基础,他们引领着科学研究前沿,是 MIT 创新创业的源泉。从表 6.1 可以看出 MIT 人力资源结构的变动情况,"以科研为主的教师"岗位增长最快,这些教师大多是在科技创新、创业等领域有着丰富经验的实业家,与学校的专职教师不同,他们被称为"Professor of Practice"(PoP)。他们从实业领域再次走向课堂,将自身积累的丰富实践经验带给学生,激励和帮助学生实践真知。这种有别于传统结构化理论教育的方式,是 MIT 注重实践的特色。

表 6.1 麻省理工学院人力资源结构

人员类型\年份	2004	2005	2006	2007	2008	2009	2010	2011	2012	2013	2014	2015	2016
专职教师 Faculty	974	983	992	1 025	998	1 017	1 008	1 022	1 018	1 009	1 030	1 021	1 036
其他教学人员 Other Staff	2 952	3 093	3 350	3 748	3 794	3 858	3 879	3 996	4 036	4 051	4 119	4 376	4 406
研究人员 Research Staff	1 198	1 412	1 456	1 250	1 474	1 306	1 637	1 429	1 371	1 722	1 490	1 556	1 623
管理人员 Administrative Staff	1 840	1 784	1 837	1 972	1 886	1 936	1 965	2 137	1 979	2 096	2 296	2 436	2 528
支持人员 Support Staff	1 564	1 565	1 637	1 549	1 575	1 476	1 641	1 505	1 478	1 657	1 528	1 538	1 543
服务人员 Service Staff	866	839	843	819	890	789	871	804	795	864	815	812	829

8. 麻省理工模式总结

(1) MIT 在传统的高校科研教学行政等部门之外,建立了专门负责校企合作、创业规划、宣传营销等的校级组织,这些组织相当于公司的发展策划、公关广告等部门,发挥着对内谋划创新创业、对外联络营销等功能。但是它并不对院系进行直接改造,而是将教师和院系的利益植入到大学的创业目标中去,以此来调动教师和院系参与大学创业战略的积极性。

(2) 把教师和院系的创业行为纳入日常工作职责当中,创业能力已经成为教师招聘、年度考核、学术晋升的标准之一。充分发挥了资金的杠杆调配作用，通过为教师提供创业的种子和匹配资金，把对教师的物质激励、学术追求和大学创业战略捆绑在一起，引导教师开展创业，同时为教师创业提供制度化的支持与服务。这样，大学、基层学术组织与教师形成了创业的"利益共同体"。

（3）重视建立合作伙伴关系。随着社会的复杂化，单纯的大学可能无法支配和掌握解决重大问题所必需的资源，学校需要与其他社会组织合作，共同处理社会面临的问题。麻省理工学院与无锡市的合作则充分体现了这种合作伙伴关系的建立。科技部支持无锡市锡山区与麻省理工学院产业联络办公室（MIT—ILP）共建无锡锡山 MIT—ILP 国际技术转移中心，共建创新创业合作平台，推进锡山企业与 MIT 开展技术合作研发及数据库共享，加快科技成果转化。双方人员定期交流互访，共同举办高层技术论坛。

（4）在传统的产学研合作中，大学开展企业资助的项目研究，是大学与企业合作的典型方式；而在创业型大学中，合作伙伴关系的定义非常宽松而灵活，只要大学与外部组织一起工作，就可以成为伙伴关系。大学与外部组织的合作，并不意味着大学要从外部组织中获得研究资助，大学可以和外部组织一起工作，共同解决社会的某个问题。在这种合作关系中，企业并不必然对大学进行资助，大学可以与企业一起合作，申请政府和其他社会组织的科研资助。

三、加州大学伯克利分校——深厚的学术根基

1. 雄厚的学术基础是符合"IEEE"模型的关键要素

加州大学伯克利分校（University of California, Berkeley）建于1868年，位于美国加州旧金山湾区东北部，是一所美国著名的公立研究型大学，

伯克利分校是加州大学的创始校区。在国际学术地位上，截至 2020 年 10 月，伯克利共有 109 位诺贝尔奖得主，在全球诺贝尔奖得主数量高校排名中位列第三。伯克利分校内有一所世界著名的美国国家实验室——劳伦斯伯克利国家实验室（Lawrence Berkeley National Laboratory，LBNL）。劳伦斯伯克利国家实验室位于伯克利分校后山，远眺旧金山湾区北部，俯瞰金门大桥，是美国杰出的国家实验室之一。1971 年，为纪念诺贝尔物理学奖得主（1939）欧内斯特·劳伦斯（Ernest Lawrence），将实验室命名为劳伦斯伯克利国家实验室。实验室隶属美国能源部，由加州大学伯克利分校负责运行。

源自加州大学伯克利分校和劳伦斯伯克利国家实验室的伟大学术精英和科学家不胜枚举，伯克利分校和国家实验室培养了大量的、优秀的计算机科学和工程科学的学生。他们积极推动着全美国和世界各地的技术革新，同时，加州大学伯克利分校和劳伦斯伯克利国家实验室也为创新创业者们奠定了坚强的学术基石。

谈到创新创业，人们总免不了将斯坦福大学和加州大学伯克利分校做个比较。根据美国一家开源数据分析公司（Crunch Base）2013 年的研究报告显示，自 1920 年成立的 4 500 家创业公司中，获得伯克利本科和研究生学位的创始人创办的公司数量超过 150 家，仅次于斯坦福大学（350）和哈佛大学（250）。"如果一定要找出伯克利人和斯坦福人的差距，那就是在创业主动性上的不同。伯克利人会在自己的积累（尤其是在技术方面）'做足'之后创业，而斯坦福人则会为了创业去寻找技术。伯克利人成功创办的半导体公司非常多，而那些创业人常常是相应领域中最杰出的科学家"（吴军，2016）。

2. "五角大楼"创业生态系统满足"IEEE"模型的层次性特征

高校强大的创新生态系统和相关的创业生态系统是从教师到学生再到私营部门和政府的一种有机的系统管理的结合，一个单一的组织结构图或其他层次的图形无法表达。同样，创业过程也有多个进入和退出路径。一个健康的创业生态系统如果只以一个单向的时间轴去表达的话是有误导性的。

因此，加州大学伯克利分校将创业教育生态系统划分为五个领域，除去作为大学基础的研究和教育领域，这五个领域之间并没有一个严格的顺序或彼此的分层关系。加州大学伯克利分校将自己的创业生态系统称为"五角大楼地图"，并分为五个要素：① 研究、教育和支持项目；② 投资者、导师和校友组织；③ 学生和博士后小组；④ 创业大赛、活动和研讨会；⑤ 孵化器、加速器和合作空间。

加州大学伯克利分校的"五角大楼"创业生态系统充分体现了高校创业教育生态系统的发展战略，构成了"IEEE"模型多层次的战略目标体系。

四、普林斯顿大学——"工科＋文科"的跨学科创业教育模式

1. "工科＋文科"的创业教育模式

隶属于工程学院的凯勒工程教育创新中心（Keller Center for Innovation in Engineering Education）成立于2005年，是普林斯顿大学实施跨学科工程教育的实体平台。作为普林斯顿大学跨学科工程教育的枢纽，凯勒工程教育创新中心将工程、人文、艺术、社会科学和自然科学等专业的学生相互联络起来，并将他们与更广泛的校园社区和其他社区联系在一起。凯勒工程教育创新中心通过为学习者提供教育机会，在工程学和人文科学之间架起一座桥梁，帮助学习者塑造有价值的职业之路。

凯勒工程教育创新中心的口号是创造、教育、服务（Create Educate Serve），并从四个维度（创业精神、设计与设计思维、创新教育、社会影响）提供课程和项目培训，实施跨学科工程教育。凯勒工程教育创新中心跨学科创业教育教学框架如图 6.4 所示。

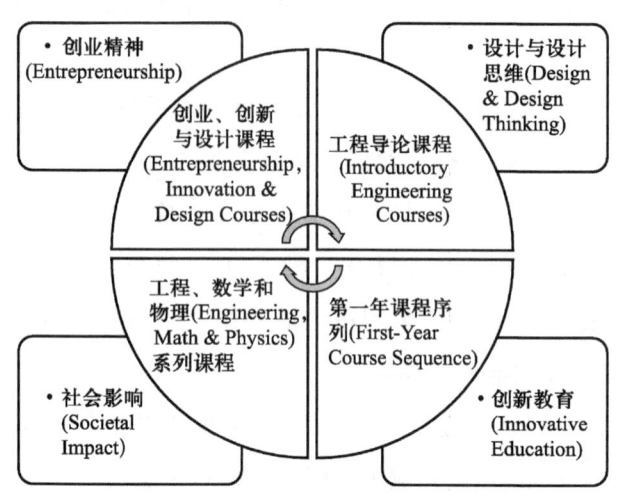

第六章 基于国际创业教育生态系统模型的案例分析

图 6.4 凯勒工程教育创新中心跨学科创业教育教学框架

凯勒工程教育创新中心提供两种主要的系列课程：① 创业、创新与设计课程。通过这一系列课程培养学生的批判性思考能力，并把创新创业作为经济增长和社会变革的活动，以及未来的潜在就业机会来进行培训。② 工程导论课程。这是为一年级学生开设的导论课程，主要介绍在现代工程的背景下社会所面临的挑战，并教授数学和物理的基础知识。这里包括两个课程序列：第一年课程序列和工程、数学和物理（EMP）序列课程。凯勒工程教育创新中心还通过五个方面开展可持续性创业教育：① eLab 孵化器；② 创新论坛；③ 创业沉浸项目，为初创者提供在纽约、上海和特拉维夫的新兴创业公司实习，以此来获得宝贵的实践经验；④ 学生项目资助，重点支持 STEM 领域的研究活动，特别鼓励与创业精神和设计思维有关的项目；⑤ 老虎挑战赛（Tiger Challenge）。

2. 跨学科创业教育的特点

特点1："四个维度"的跨学科创业教育教学框架。通过围绕创业精神、设计与设计思维、创新教育和社会影响四个维度开发设计的独特的课程及项目设置，创建了一个有针对性的教育途径，使得学生能够对工程学科有系统和连贯的理解与实践。

特点2："两个序列"的跨学科创业教育课程体系。凯勒工程教育创新中心开发的两个课程序列是普林斯顿大学面向21世纪工程教育的关键部分。传统的一年级课程只教授给学习者一些基础知识，普林斯顿大学认为，对于那些正在考虑学习工程学的学生来说，第一年是关键时期。一年级的工程、数学和物理知识不仅为他们以后的学习奠定了基础，同时可以帮助他们在接下来三年里的专业选择做出决定。

特点3："工科＋文科"的跨学科创业教育平台。技术是解决社会挑战的一个重要部分，工程则把科学发现转化为解决方案，但要想解决当今社会的巨大挑战，就需要具有跨学科思维和创新创业意识。作为普林斯顿大学的跨学科工程教育平台，凯勒工程教育创新中心将人文、创业、艺术及公共政策等专业与学生们的工程研究结合起来，以使全校学生实现解决社会问题的愿望，培养学生成为未来的以技术驱动社会、具有创新思维和创业精神的领导者。

3. 普林斯顿大学创业教育总结

专业知识的多样性最能产生具有创新性的想法，因此普林斯顿大学认为创新的关键在于跨学科，并将跨学科研究和跨学科教育作为一种常态。跨院系、跨学科的教学和研究在普林斯顿大学普遍存在，科学家和人文主义者、工程师和社会科学家以各种方式合作进行广泛的跨学科研究和教学。目前，普林斯顿大学有14个跨学科研究中心，作为承担普林斯顿大学工程教育的主要学院——工程与应用科学学院将世界一流研究机构的优势与优秀文科专业的品质结合在一起，使得普林斯顿大学以"工科＋文科"为特点的跨学科创业教育在世界上独一无二。

美国高校创业教育生态系统总结

通过实地调研和深度访谈，我们发现，对于同处美国加州湾区的斯坦福大学和加州大学伯克利分校，其创业教育模式的不同，除因校园所处地理位置不同而带来的创业环境不同之外（斯坦福大学位于硅谷中心，加州大学伯克利分校位于湾区东部），更大的区别来自学校本质属性上的不同：公立性和私立性。公立性大学和私立性大学的差别直接体现在大学提供给创业者资源上的不同（师资、资本、社会网络、学校声誉等），而办学理念上的差异也直接产生了创业文化的迥异。不同的投资主体导致了两所学校不同的办学理念，公立性大学主要由政府拨款，需要承担高等教育的使命，故偏重基础学科的研究与教学；私立性大学则主要依托市场生存，教学管理相对灵活，教学研究积极面向行业及市场，课程设置不断创新以满足社会需求。

作为私立性大学的斯坦福大学，在其创业生态系统形成过程中，具有核心领导力的创业教育发展战略的作用就显得尤为重要。而作为公立性大学的加州大学伯克利分校，因其注重传统科学研究的教育思想，则为创业者奠定了坚实的学术基础。同样作为私立性大学的麻省理工学院也积极面向市场，与工业界建立产业联络，为创业者搭起一座产学合作的桥梁。

斯坦福大学、麻省理工学院、加州大学伯克利分校一同被誉为美国工程科技领域的学术领袖。它们分别在各自所擅长的信息和计算机技术、能源工程以及"大科学"组织[①]等领域各领风骚。从创业教育的角度看，三所高校的创业教育生态系统都很成熟。正如前文所述，斯坦福大学和麻省理工学院的校友网络非常强大，这不仅为学生建立起了良好的创业关系网络。更为重要的是，早期校友创业者们所树立起来的"行为榜样"（role model），无论是成功的经验或失败的教训，都已成为创业生态因子中的一部分，在创业生态系统中形成了良性循环。

如果说以商学院为主导的创业教育，侧重于对创业案例的分析与讨论，属于案例导向型。那么，以工程学院为主导的创业教育，则侧重于创业项目的实践性，属于实践导向型。下面通过对四所加拿大大学——多伦多大学、滑铁卢大学、麦克马斯特大学、瑞尔森大学的深度访谈和案例分析，分别对其极具特色的创业教育模式进行分析，并通过对四所大学基于本校

---

① 大科学（Big Science）的概念源自 20 世纪 30 年代的伯克利国家实验室，其主要表现为投资强度大、多学科交叉、跨学科合作的前沿性基础学科研究。

传统工程教育优势中所形成的独特创业教育模式进行总结。

五、多伦多大学——"实体中心＋大楼＋课程"的双创教育

1. "实体中心＋大楼"满足"IEEE"模型基础设施建设的要素

多伦多大学长期以来一直是加拿大工程教育的领导者。为了进一步推动工程教育创新，多伦多大学2018年成立了工程创新创业中心（the Myhal Centre for Engineering Innovation & Entrepreneurship），中心旨在促进研究人员、学生、行业合作伙伴和校友之间的广泛合作。同时，工程创新创业中心大楼也正式启用。工程创新创业中心大楼的空间结构充分考虑了跨学科合作、体验式学习、工程领导力及创新创业课程等功能性的使用需求，它包括灵活的主动学习空间、支持课程和课外设计项目的原型设施以及学生俱乐部和创业团队专用空间。同年，工学院也正式成立了跨学科工程教育与实践研究所（Institute for Studies in Transdisciplinary Engineering Education & Practice，ISTEP）。ISTEP汇集了工程学院现有的相关学术规划、课程教学、奖学金项目以及师资，通过学术研究和教学实践两个主要方面，为培养未来的工程师创造了一个充满活力的工程教育生态系统。

作为加拿大高校首个跨学科工程教育项目，ISTEP从八个维度为学生提供了有针对性的课程及培训。① 工程领导力：特鲁斯特工程领导力教育研究所（Troost Institute for Leadership Education in Engineering，Troost ILead）通过提供变革性的课程和课外学习机会，教授学习者如何进行分析和系统的思考，以在未来工作中充分发挥作为创新者和领导者的最大影响力。② 全球视野：基于全球工程中心的跨学科项目，ISTEP与校内外合作伙伴协同，将全球环境整体融入工程课程中，使学生能充分体验。③ 沟通：工程沟通课程的目标是帮助工科本科学生建立专业的沟通技能。④ 伦

理与社会影响：ISTEP 积极推广社会技术理论和工程伦理课程，让学生有机会了解工程对社会和环境的影响，以及工程伦理在公平和公正决策中的作用。⑤ 工程商业：多伦多大学工学院提供了一套与管理学院联合设计的课程，为学习者提供了一个通过商业视角探索工程领域的机会。⑥ 创业：工程商业和创业是紧密结合在一起的，ISTEP 提供了一个丰富的创业生态系统，培养了整个学院和大学蓬勃发展的创业文化。⑦ 工程教育："工程教育中的协作专业化"是一个跨学科项目，专为那些对工程教育和研究感兴趣的工学院和教育学院的学生而设计。⑧ 职业发展：ISTEP 通过一些职业计划项目为工科毕业生的职业发展提供支持。

ISTEP 认为学术研究成就了教学实践，教学实践则促进了学术发展，并通过学术研究重构 21 世纪的工程领域和现代工程师的身份。ISTEP 的核心学术研究包括三个相互关联的主要领域，形成了三大协同效应主题，如图 6.5 所示。主题 1：工程教育。ISTEP 正在评估教学创新策略和空间给学生带来的益处，以使学生能够更丰富和深入地学习。主题 2：专业能力。ISTEP 正在探索工科学生如何发展成为领导者，如何在团队中有效地工作，以及如何更好地培养学生的专业能力和沟通能力。主题 3：工程实践。ISTEP 正在探索现代工程师用来应对工作场所挑战的方法和工具。此外，ISTEP 正在开发一套整合技术和专业技能的方法，以促进未来工程师的终身学习。

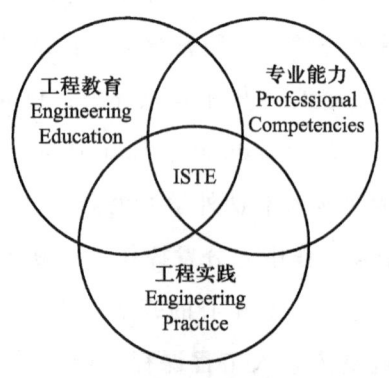

图 6.5 ISTEP 三大协同效应主题

2. 多伦多大学创业教育生态系统的特点

特点1：跨学科工程教育的实体中心＋大楼。作为跨学科工程教育的实体平台，工程创新创业中心的成立开启了多伦多大学工程教育的新时代，也标志着多伦多大学工程教育与研究的转型。工程创新创业中心大楼是领先的多学科研究中心和项目研究团队的工作地点，其具有支持互动式课堂的技术、提供开放的前沿实验室和学生、教师及校友的协作空间等特色与功能，工程创新创业中心正在成为多伦多大学培养今天的工科学生和未来的工程领袖的理想空间。

特点2：基于三大主题、围绕八个维度的跨学科工程教育创新生态系统。多伦多大学的跨学科合作研究基于三大主题相互衔接产生协同效应，共同促进跨学科工程教育。同时，ISTEP整合并扩展了工学院各个专业的课程，围绕八个维度提供跨学科课程及培训，创造了一个充满活力的跨学科工程教育创新生态系统。

3. 多伦多大学创业教育生态系统小结

多伦多大学跨学科工程教育的"实体中心＋大楼＋课程"的三合一模式，为培养未来工程师所必需的跨学科能力提供了坚实的基础。正如跨学科工程教育与实践研究所（ISTEP）主任格雷格·埃文斯（Greg Evans）教授介绍：无论是在大学内部还是与其他伙伴合作，我们广泛合作、共同探索工程领域跨学科能力的本质，理解现代工程实践的内涵，以便更好地培养工程专业的学生，使其在未来职场中能够快速适应变化的社会。

六、滑铁卢大学——E Co-op 创业教育的新模式

滑铁卢大学创建于1957年，位于加拿大安大略省滑铁卢市，是一所中等规模的以工科为主的研究型公立大学。滑铁卢大学有六个学院，分别是应用健康科学院、艺术学院、工程学院、环境学院、数学学院和理学院。

其中最强的专业是数学学院的统计及精算专业和计算机科学专业，以及工程学院的计算机工程专业和土木工程。2021年在校生420 000人，全职教师1 380人。

1. "创造者拥有所有权"政策体现了"IEEE"模型知识产权保护的要素

在创业经济时代，对专利技术的转化和占有已经成为商业和经济竞争的重要手段及主要内容。创新创业健康稳定发展的核心是对知识产权的保护。大学是科技创新创业的源泉。知识产权保护，特别是对科技创新专利的保护，对于大学真正发挥知识技术创新的源头作用、提高一个国家在科技领域的核心竞争力具有十分重要的作用和意义。

知识产权主要包括专利、商标、著作权等类型，滑铁卢大学在知识产权管理方面独具特色。滑铁卢大学颁布的《知识产权73号文件》（Intellectual Property Rights Policy #73）实行学生创业者与教授、科研人员相同的专利政策。学生创业期间所申请的知识产权和价值完全归开发者或创业者个人所有，滑铁卢称之为"创造者拥有所有权"，学校不收取任何费用或占其创业公司股份比例。这项政策极大地调动了学生创业的积极性，被认为是推动高校科研创新创业健康发展、实现科研成果商业化的重要手段。因此，滑铁卢大学长期以来一直被科研人员和创业者们认为是创业家和工业界的合作伙伴。

2. 合作教育"Co-op"制度符合"IEEE"模型建立的教育属性原则

滑铁卢大学是加拿大第一所提供"合作教育"（Co-operative education, Co-op）课程的大学，目前很多高校都借鉴了滑铁卢大学的Co-op制度，在加拿大建立起了比较完善的Co-op教育体系，这也使滑铁卢大学一跃成为加拿大名校的示范。这种课堂学习和企业实践的Co-op工程教育模式始于滑铁卢大学建校的1957年。它深度结合了学习和工作两个方面，即学生一段时间在学校学习知识，另一段时间去企业工作。这种学术学期和工作学期交替进行所形成的一种学习/工作次序，是理论联系实践的最佳教育方式。加拿大合作教育协会（Canadian Association For Co-operative Education）规定"合作教育"项目的具体实施需满足如表 6.2 所示标准。

表 6.2 合作教育（Co-op）项目实施标准

	合作教育（Co-op）项目实施标准
1	工作环境须获得合作教育机构的批准或双方共同开发一个适合的环境
2	合作教育的学生从事的须是生产性工作，而不是单纯的观察
3	合作教育的学生须获得工作报酬
4	合作教育的学生在工作中的进展须受到合作教育机构的监督
5	合作教育的学生在工作上的表现须由合作用人单位进行监督和评估
6	工作实习的时间必须到达专业学习时间的 30%

在滑铁卢大学，本科生一般分为普通（Regular）和实习（Co-op）两种。普通学生在校学习期间不需要实习，实习学生则必须进行实习。目前滑铁卢大学工程学院的学生全部实行 Co-op 制度，数学学院则一部分是 Co-op 学生，比例大概不超过 50%，而理学院学生都是普通学生。滑铁卢大学的 Co-op 制度要求学生在 5 年的本科学习期间至少要有 20 个月的实习经历，Co-op 实习分成 6 次进行。也就是说在 5 年的学习生活中，学生必须经历至少 6 次的求职面试，并在 6 个不同的公司工作。同样位于安大略省的多伦多大学（University of Toronto）也有类似的见习制度，但时间比较短，且是一次性的 18 个月。安大略省的另外一所大学——麦克马斯特大学（McMaster University）也有 Co-op 制度，但对学生不是强制要求。

由此可见，Co-op 制度对一个本科学生来说是极大的挑战，但同时也是最好的磨炼。带薪实习工作的一切相关流程都按照社会上正常的招聘、求职、面试的程序进行。学校有 Co-op 合作实习平台提供各种公司的招聘信息，学生可以根据自己的能力和需求投递简历，届时招聘方会来学校对学生进行面试，学校也提供各种修改简历、模拟面试等帮助。对于一个本科学生来说，从大学一年级就开始练习查询工作、修改简历、准备面试等工作，一直到最后进入公司实习，所有这些带给学生能力上的提升是不可估量的。同时，Co-op 学生因拥有工作经验，毕业时拿到的薪水也会比普通的毕业生丰厚。滑铁卢大学 Co-op 制度培养出的学生在走出校园之前就获得了两年的工作经验，大多数学生往往还没有毕业就已经被一些大公司聘用，例如通信行业的贝尔（Bell）公司、黑莓（Blackberry）公司，还有诸如加拿大帝国商业银行（CIBC）等金融机构。甚至还有很多学生选择到美国做 Co-op 实习工作，每年有很多人进入谷歌（Google）、脸书（Facebook）、微软（Microsoft）等公司总部实习。

时至今日，滑铁卢大学的 Co-op 教育规模已成为全世界第一。滑铁卢大学 Co-op 项目主要相关数据显示：① 有超过 5 200 个定期招聘的公司雇主；② 2012—2013 年度 Co-op 学生的就业率为 96%；③ 超过 18 300 名学生参加了 140 个认可的合作实习计划；④ 2012—2013 年度 Co-op 学生实习工资总收入达到 1.93 亿加元；⑤ 毕业六个月后，92% 的 Co-op 学生在本专业相关领域工作（安大略省平均水平为 73%）；⑥ 毕业两年后，77% 的 Co-op 学生年收入超过 50 000 加元（安大略省平均值是 40%）。

3. 创业合作（E Co-op）新模式形成了完整的创业教育生态体系

鉴于 Co-op 合作实习制度的成功，滑铁卢大学在创新创业教育方面推行创业合作教育（E Co-op, Entrepreneurial Co-operative Education）项目。E Co-op 项目就是学生可以在 Co-op 期间进行创业，代替原本去合作企业进行带薪实习的工作。这样，学生创业的同时也能获得和实习一样的学分。E Co-op 学生在毕业时可以选择继续创业，也可以利用其在 E Co-op 创业期间所掌握的知识服务于一家公司，这为学生未来的职业发展提供了一种选择。E Co-op 项目能带给学生宝贵的创新精神和创业能力，使得学生获取更多的商业知识，培养商业思维和独立性，这些不仅是创新创业的精髓，也是企业雇主所看重的价值。

滑铁卢大学极具特色的创业生态系统为 E Co-op 项目顺利实施提供了坚实的保障。经验丰富的创业合作导师、创业者拥有知识产权的特殊政策以及数千名学生的创业成功案例等元素形成了滑铁卢大学独特的创业文化。

下面五个关键的创业生态因子则组成了滑铁卢大学极具特色的创业生态系统。

(1) 康拉德商业、创业和技术中心

为加强创业教育、扩大创业文化，滑铁卢大学于 2002 年在工程学院成立了康拉德商业、创业和技术中心（The Conrad Business, Entrepreneurship and Technology）。康拉德中心的主要目标是提供一切滑铁卢大学的资源帮助学生创业，促进创业精神。中心为本科生提供 8 门课程，如创业行为要素（Essentials of Entrepreneurial Behavior）、创业基金会（Foundations of Venture Creations）、发展早期风险投资（Growing Early Stage Ventures）等。

(2) 商业、创业和技术硕士项目

滑铁卢大学的创业教育还提供硕士学位课程——商业、创业和技术硕士项目（Master of Business, Entrepreneurship and Technology program, MBET）。MBET 项目共有九门课程和一个商业实习，其中包括批判性思维的培养和商业机会的识别等课程模块。课程设计的原则是围绕创业体验、平衡学术和实践的关系。MBET 项目总共分为三个学期，不只像传统的课程在课堂传授知识，创业者要在三个学期的课程学习和商业实习中经历真实的创业过程。三个学期分别为：学期 1：种子阶段；学期 2：产品开发阶段；学期 3：市场执行阶段。顺利毕业后，学生不仅能获得硕士学位，还真正地经历了一次创业过程，为其初创公司将来顺利的发展打下了坚实的理论基础和实践经验。

(3) 学生创业孵化器——速度之城

于 2008 年启动的"速度之城"计划是加拿大大学中最全面的创业教育项目，同时也是全球最大的免费的学生创业孵化器。从概念到产品开发到商业化，从创业教育培训到创新精神的培养，"速度之城"计划提供创业成功所需要的知识、工具、空间和关系网络。"速度之城"计划通过六个部分：宿舍（Velocity Residence）、实验室（Velocity Science）、工作坊（Velocity Start）、创业空间（Velocity Garage）、基金（Velocity Fund）、投资者（Investors）。将滑铁卢大学所有关于创业的学生、校友和导师汇聚在一起，创造了一个庞大的创业生态系统和独特的创业文化。"速度之城"的建立为学生创业者补充了课堂和书籍之外的知识和技能，形成了一个以学生创新者、领导者和企业家为核心的创新创业合作社区。更为重要的是，投资者每年提供 40 万加元的风险投资用以帮助学生创业。

（4）圣保罗大学学院的社会创业孵化器

滑铁卢大学圣保罗大学学院（St. Paul's University College）的绿屋（Green House）是专门为本科学生提供社会创业（social entrepreneurship）的项目，是加拿大唯一一个在大学内专注于社会创新创业的加速器。

（5）毕业设计项目

毕业设计项目（Capstone Design Project）是集工程专业学生四年学习经验之大成，同时也为毕业生提供了和未来创业公司合作的机会。

七、麦克马斯特大学——基于 PBL 的创业教育

麦克马斯特大学（McMaster University）创办于 1887 年，位于加拿大安大略省哈密尔顿市。作为一所中等规模的研究型公立大学，麦克马斯特大学以其独特的实践性教学理念成为加拿大的著名大学之一。麦克马斯特大学设有七个学院：商学院、工学院、医学院、理学院、人文学院、社科学院和研究生院，提供 140 多个本科专业、36 个硕士以及 28 个博士专业，其中以工程学院和医学院最为著名。2014 年该校有在校生 30 117 人。

1. "问题导向"创业教育模式体现出"IEEE"模型建立的教育属性原则

提到麦克马斯特大学就不得不提及其革新性的教学方法——以"问题为导向的学习"（Problem-Based Learning，PBL）。PBL 于 20 世纪 60 年代中后期产生于加拿大麦克马斯特大学医学院，80 年代后期在北美获得了较

快的发展。自 90 年代后,欧洲部分医学院也开始进行 PBL 课程的试验,而美国哈佛大学医学院已全部应用 PBL 教学取代 LBL（Lecture-Based Learning,以授课为导向的学习）教学。PBL 是基于现实世界的、以学生为中心的教育方式。与传统的以学科为基础、以教师讲授为主的教学法有很大不同,PBL 强调以学生的主动学习为主。PBL 将学习与任务或问题紧密联系,要求学习者浸入问题之中。PBL 设计真实性的任务,强调把学习设置到复杂的、有现实意义的问题情景中,通过学习者的自主探究和与小组的合作来解决问题,从而学习掌握隐含在问题背后的科学知识,以此形成解决问题的技能和自主学习的能力。

"以问题为导向"的创业教育模式是麦克马斯特大学创新创业教育的一大特点。在对隶属于工程学院的沃尔特·布斯工程实践学院（The Walter G Booth School of Engineering Practice）洛特夫教授[①]进行访谈时,他谈道：

> 倡导"以问题为导向"在真实项目中解决问题的创业教育,我们称之为基于 PBL 的创业教育模式。此模式是将创业项目作为问题,以创业点子或科研成果为先导、以教育为基础、以学生为主体、以创业导师和技术导师为指导的实践性创业教育,以培养学生的创新精神和创业能力为教学目标。
>
> PBL 模式的创业教育教学法与商学院的案例分析教学法最大的不同点是 PBL 是以创业项目为起点,而案例分析是教师先通过一个案例进行教材的讲解,在学生掌握一定的知识前提下,然后做案例分析。PBL 模式通过创业顾问委员会中的创业导师和技术导师对创业者的辅导,使创业者处于鲜活的创业实践环境中,通过锻炼学生的实际技术和商业技能,最终使创业项目从想法、概念到商业化的实现。

---

① 洛特夫教授,麦克马斯特大学工学院终身副教授,机械工程系生态创业讲习教授,拥有美国瓦尔登大学工商管理硕士（MBA）和纽约州立大学博士学位,会流利的英语、法语和阿拉伯语。

第六章 基于国际创业教育生态系统模型的案例分析

沃尔特·布斯工程实践学院独特的创业课程专注于技术与社会的学科交叉，并倡导基于实践的创新。学院制定的学习方法以市场驱动和体验式学习为核心，课程结构则结合了学术与实践的学习，对创造力和创新精神的培养贯穿了整个教育培训。沃尔特·布斯工程实践学院提供诸如工程设计、创业创新和公共政策等专业研究生学位课程（Professional Graduate Degree Programs），而与创业创新相关的硕士学位项目则分别为：工程创业创新硕士（Master of Engineering Entrepreneurship and Innovation，MEEI）和技术创业创新硕士（Master of Technology Entrepreneurship and Innovation，MTEI）。这两个硕士项目主要是培养技术公司的创业者和企业内部创业者，二者的区别在于工程创业创新硕士（MEEI）项目是针对已获得工程、技术或科学学士学位的本科毕业生，而技术创业创新硕士（MTEI）项目则是为非工程和科学类本科毕业生设置的。

教授还特别强调，创业创新硕士项目要求学生一开始就要结合自己的本科专业和兴趣爱好确定一个创业项目，这个创业项目贯穿了整个硕士期间的学习。课程模块则将工程技术和商业概念结合在一起，教授学生如何完成从一个点子的诞生到商业计划书的撰写、从一个新产品或服务的形成到最终商业化。

创业项目主要有三个来源可供学生选择：①大学的工程、技术或科学学院的教师或科研人员的研究成果，他们希望自己的研究成果通过创业项目进行商业化；②私营或公共部门的研究者的研究成果，他们希望自己的想法或拥有知识产权的专利通过创业项目验证其是否具有投资价值；③创业者自己的想法和点子，在这种情况下，创业者将基于自身的技术和兴趣爱好确定创业的产品或服务。

MEEI 和 MTEI 课程的创业项目开发过程（即创业产品的商业化过程）包含三个阶段，每个阶段都设定了可评估的交付成果。在每个阶段结束时，创业评审委员会在对创业项目进行评估后做出判定：是继续到下一阶段，还是终止此创业项目。创业评审委员会将其称为关卡（Tollgate），三个关卡分别为：① 概念启动关卡（Tollgate 1：Concept Initiation Tollgate）；② 商业启动关卡（Tollgate 2：Business Initiation Tollgate）；③ 商业初创关卡（Tollgate 3：Business Startup Tollgate）。通过这个过关的过程，学生可对创业项目的有效性进行测试，使得每一个阶段的交付成果能够被细化和加强。创业项目也就在这种不断完善的过程中，完成了从创业点子到商业概念再到初创公司成立的整个商业流程（见图6.6）。

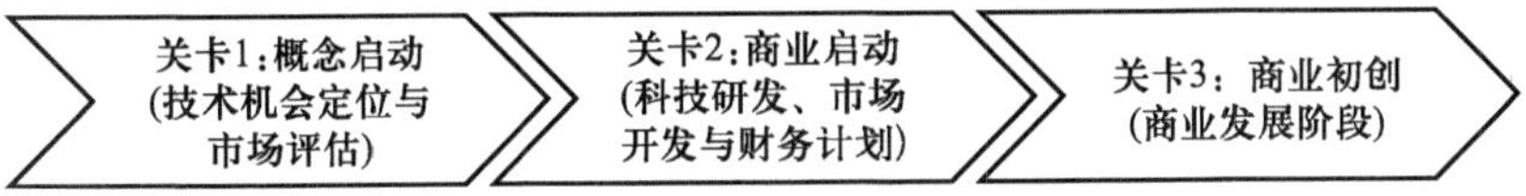

关卡1：概念启动（技术机会定位与市场评估） → 关卡2：商业启动（科技研发、市场开发与财务计划） → 关卡3：商业初创（商业发展阶段）

图6.6 MEEI/MTEI创业项目结构

创业者通过五门必修课程来学习商业管理和企业发展技能，这些课程着重于科技型企业的创立和发展。同时创业者还将学习如何寻求资金支持、如何保护知识产权和如何组建创业团队等（见表6.3）。

表6.3 麦克马斯特大学创业教育必修课程

	必修课程	课程说明
1	创业过程和技能（Entrepreneurship Process & Skills）	通过这门课程，创业者将理解什么是一个可持续商业模式的基础。学生将学会在创新创业过程中所需要的意识和技巧。学习的重点放在将学生塑造成一个有效的团队合作者，使学生更清楚自己的学习模式和创业方向，并深入理解创业创意的产生、发展和演变过程
2	突破性技术开发（Breakthrough Technology Development）	这门课程将为学生介绍新企业的创造过程。让学生了解资本的运用、培养基本的市场调研能力、了解知识产权的价值和保护策略。课程成果包括学生将懂得商业企划的过程、风险的类型和评估对新生企业的影响
3	企业定位和形成（Positioning & Shaping the Enterprise）	完成这门课程后，学生将懂得技术型企业在整个经济中的地位；理解一个企业的财务；了解资本投资的实质和银行、风险投资在其中的作用；掌握商业、管理财会；了解运行和资源；了解项目管理和创新过程管理方式；理解怎样设立和管理生产部门；形成退出策略的能力

续表

	必修课程	课程说明
4	新商业策略 （New Venture Business Strategy）	这门课的主要焦点放在对新企业价值核心的理解和对企业价值核心的市场营销。包括理解市场的动态和一个新生企业所面临的竞争力量，以及塑造顾客价值认可的策略。理解 IT 对企业生产力量的提升和电子商务
5	从新商业到市场 （Taking the New Venture to Market）	这门课程讲述将一个新兴企业推向市场的技巧和知识。课程将使学生学会怎样策略性管理一个企业，使之可以稳步增长和持续发展；怎样组建一个高效的团队；了解产业链的作用和时机管理；了解商业存活和寿命的重要因素

2. 创业教育与工程师资格认证的完美结合具有"IEEE"模型的开放性特征

与大多数发达国家一样，在加拿大从事诸如医生、律师、建筑师及工程师之类的专业工作，按照法律规定从业者必须通过职业资格认证，持有有效的专业资格证书后才能从事该类的"专业工作"。工程技术在加拿大是一门规范的行业，正式的注册职业工程师被称为 Professional Engineer（P.Eng）。按照加拿大各省的法律，如果你没有在本省的专业工程师协会注册，你不可以称自己为工程师，也不允许从事必须由专业工程师才可以承担的工程工作。注册职业工程师（P.Eng）证书由加拿大 12 个省和地区的工程师协会颁发。申请人一旦获准成为该省或地区工程协会的正式会员后即成为专业工程师。如何才能成为加拿大专业工程师（P.Eng）？一般来说，要成为加拿大省或地区工程师协会的专业工程师，申请人必须具备以下资格：① 为加拿大公民或永久居民；② 应具备加拿大认可院校的工程学历或取得经承认的课程和考试后的工程学历；③ 两至四年专业工作经验（具体取决于各个工程师协会），并至少拥有 12 个月加拿大工作经验以确保对加拿大的工程法规及行业标准有一定了解；④ 通过相关专业操作、职业道德、工程法律及专业职责的考试；⑤ 具备良好的品行；⑥ 英文良好（魁北克省要求法语）。

之所以介绍上文，是因为访谈时教授自豪地说：

  麦克马斯特大学的工程创业创新教育与专业工程师资格认证达到了完美的结合。2014年8月，安大略省工程师协会（Professional Engineers Ontario，PEO）宣布，麦克马斯特大学工程创业创新硕士（MEEI）毕业生在申请安大略省专业工程师时，已获得12个月的加拿大工作经验。这样，学生不仅在大学学习期间接受工程创业教育的培训，获得工程硕士学位，并且也为其将来走向社会成为专业工程师奠定了坚实的基础。

因麦克马斯特大学独特的创业创新教育模式，在2016年6月15日美国纽约市和新泽西州举办的国际小企业和创业理事会世界大会上（ICSB's World Conference），沃尔特·布斯工程实践学院赢得了创业教育卓越奖（Award for Entrepreneurship Education Excellence）。

八、瑞尔森大学——城市大学的多元创业文化

1. 具备多元创业文化基因

多元文化诞生的前提条件之一，就是要有来自世界各地不同文化背景的人汇聚在一起，进行思想的交流和思维的碰撞，为多元文化奠定基础。多伦多是世界上最具多元文化的城市之一，而位于此地的瑞尔森大学则充分具备了多元创业文化基因。

瑞尔森大学是加拿大一所公立大学，位于加拿大最大城市多伦多市中心，是一所典型的城市大学。该校的前身是于1948年创立的瑞尔森理工学院（Ryerson Institute of Technology），2002年正式更名为瑞尔森大学。校名是以早年加拿大西部的教育部部长埃杰顿·瑞尔森（Egerton Ryerson）命名，埃杰顿·瑞尔森（Egerton Ryerson）是一位出色的教育家、政治家，被誉为安大略省公立学校制度之父。瑞尔森大学现在已经发展成了一

所以本科教育为主的高等学府，是加拿大大学中本科毕业生最多的大学。瑞尔森大学共设七个学院，分别为文学院，理学院，工程、建筑和科学学院，管理学院，传播及设计学院，社区服务学院和继续教育学院。瑞尔森大学提供超过100个本科课程和研究生课程，目前在校注册学生有41 500名，其中包括2 400名硕士和博士研究生，有近3 200名教师和工作人员。

2. 实践性创业教育体现出"IEEE"模型建立的企业家精神原则

现代管理学之父——彼得·德鲁克说："创业既不是一门科学，也不是一门艺术，它是一种实践。"① 瑞尔森大学（Ryerson University）正是创业教育的实践者，其教学宗旨是"通过实践学习知识"。作为瑞尔森大学的创新创业教育基地——工程创新创业中心（Centre for Engineering Innovation and Entrepreneurship，CEIE）隶属于工程、建筑和科学学院（Faculty of Engineering, Architecture and Science），中心汇集了各个院系的教授、商业导师、创业者和投资人，为学生提供体验式教学，帮助学生创业、开发新产品，以此解决客户的真正问题。瑞尔森大学的创业教育理念认为：创业不是一个随机的过程，为了帮助创业者创建一家成功的企业，创业教育必须遵循以下规律：

- 具有实践性的创业教育——创业公司必须解决客户真正的问题；
- 经验丰富的实践者在提供创业教育中是必不可少的；
- 导师制（技术导师和商业导师）是创业教育的重要组成部分；
- 对创业失败的认可和从失败中快速恢复的能力；
- 种子资金对初创公司创业概念的验证至关重要。

因此，工程创新创业中心提出了创新创业教育的五大支柱（如图6.7所示）：① 过程——创业者建立初创公司的全过程培训；② 内容——提供创业想法开发的即时知识工具；③ 教师——经验丰富且具有教学能力的教职人员；④ 导师——技术导师和来自产业领域的商业导师；⑤ 资金——天

---

① Entrepreneurship is neither a science nor art, it is a practice.

使投资对其创业概念商业价值的验证。

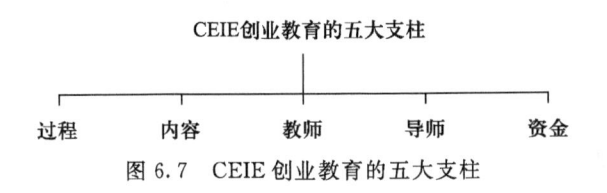

```
            CEIE创业教育的五大支柱
    ┌─────────┬─────────┼─────────┬─────────┐
   过程      内容      教师      导师      资金
```

图 6.7 CEIE 创业教育的五大支柱

3. 创新创业工程硕士项目符合"IEEE"模型的教育属性

瑞尔森大学工程、建筑和科学学院提供创新创业工程硕士项目（Master of Engineering Innovation and Entrepreneurship，MEIE），该项目主要是为工程专业的学生和行业专业人士有意成立技术型初创企业设置的。项目总学时是 16 个月，其中包括 8 门课程的学习和 8 个月的创业实践，学习结束时创业者将其创业产品或技术进行商业化，并最终走向市场。在创业项目的课程学习阶段学生必须完成 2 个工程跟踪课程（engineering tracks），3 个工程创新创业核心课程（Core EIE Courses）和 3 个精益创业实践课程（Practicum）（见表 6.4 所示的创新创业课程设置）。总共 8 个课程为创业者提供了其创业项目在每个阶段所必须掌握的工具和知识。在创业项目的实践阶段，创业者要在 8 个月里开发和完成一个从技术概念商品化到进入市场的商业计划书。

表 6.4 创新创业课程设置

学期 课程	第1学期	第2学期	第3学期	第4学期
工程跟踪课程	工程跟踪1	工程跟踪1		
核心课程	商业机会识别	市场开发和财务计划	商业市场策略	
创业实践课程		客户开发阶段	客户评估阶段	客户获得阶段
创业项目			技术产品商业化和进入市场	

目前已有一些大学开设了工程创新创业硕士项目，瑞尔森大学的 MEIE 项目有何不同呢？瑞尔森大学工程创新创业中心主任介绍说：

MEIE 项目是基于真实实践项目的创新创业教育培训；同时，瑞尔森大学的 iBoost 孵化器为创业团队提供场地和导师的全过程的创业教育。如果我只是说 MEIE 项目是"以实践为基础的创业教育培训",其他项目也会说"我们也是这样的"。但是,我们的孵化和所提供的支持都是 MEIE 项目的一部分,并且与精益创业方法(Lean Startup Methodology)相结合。将精益创业方法嵌入到 MEIE 项目中作为创业教育平台,学生不仅学习如何走出校园接触社会,还要学习如何积极发掘潜在的客户商业技能等。

那么,如何才能使创业者在学习完后成功创办一家公司呢?拉夫科·洛特弗(Rafik Loutfy)教授[1]介绍:

除了精益创业方法,MEIE 项目还是一个基于学科训练的技术商业化过程。而这也是加拿大创业者所面临的最大问题,创业者知道如何起步,但他们不知道如何将其发展成为一个企业,因为他们可能没有接受过专业的学科训练。MEIE 项目重点关注哪些类型的产业?目前我们重点关注三个特定领域的新兴技术:① 物联网、大数据分析和纳米技术,预计到 2025 年将到达 33 万亿的市场;② 能源和可持续性创新,2020 年将到达 3 万亿的市场;③ 生物医药工程,2025 年市场将到达 1 万亿。

4. 大学企业孵化器满足"IEEE"模型的开放性及层次性的基本特征

加拿大的高等教育和就业市场正逐步向具有创造力和创新创业精神上转移,瑞尔森大学正处于这一转变的前沿,并致力于培养学生在社会经济转型中获得成功,其数字媒体空间(digital media zone,DMZ)就是一个成功的案例。我们对加拿大瑞尔森大学 DMZ 项目总监塔雷科·萨德克(Tarek Sadek)博士访谈时,他介绍:

---

[1] 拉夫科·洛特弗教授是加拿大施乐公司前副总裁、施乐研究中心主任(Xerox Research Centre of Canada),拥有 32 项美国专利。2004 年加入麦克马斯特大学担任施乐工程创业创新中心主任。2013 年加入瑞尔森大学,成立工程创新创业中心并担任中心主任。拉夫科·洛特弗教授是南安大略基金创新投资审查委员会成员。

DMZ是瑞尔森大学的一个关注早期阶段科技创业公司的孵化器，自2010年4月建立以来，共孵化了243家初创企业，筹集了超过1.72亿加元的种子资金，创造了2189个工作岗位。DMZ不只对瑞尔森大学的学生或校友创业者开放，还开放给所有满足其要求的初创公司。要求是创业者必须解决一个重要的经济或社会问题，其创新技术至少在市场上已经有了原型，或正在准备推向市场。DMZ因其成功，被总部位于瑞典斯德哥尔摩的大学企业孵化器研究机构评为2015年度加拿大排名第一、世界排名第五的大学企业孵化器。

"空间学习"项目是瑞尔森大学创新创业教育极具特色的一部分，而DMZ只是其十个"空间学习"之一。DMZ项目总监介绍。

"空间学习"项目希望学生创业者们走出教室，和其他院系有创造力、有抱负、有激情的同学一起学习和工作。创业者通过参与"空间学习"项目，将课堂中学到的理论应用到实践中。作为瑞尔森大学教育网络的一部分，"空间学习"项目为学生提供初创公司创建和发展的所有支持。"空间学习"项目为创业者提供宝贵的机会和资源，帮助创业者把想法从概念到设计再到原型阶段的商业可行性和可持续性转变，创业者将有机会接受技术导师和行业导师的专业指导。

"空间学习"项目提供表6.5所示的10个不同专业方向的空间供创业者选择参与。

表6.5　瑞尔森大学的"空间学习"项目

	空间名称	专注领域
1	数字媒体空间 (Digital Media Zone)	关注早期阶段科技创业公司的孵化器
2	城市能源中心 (Centre for Urban Energy)	提供探索和发展城市能源挑战解决方案的创新性校企合作机构
3	时尚空间 (Fashion Zone)	加拿大最新的时尚灵感企业孵化器

续表

	空间名称	专注领域
4	设计制造空间（Design Fabrication Zone）	跨学科中心，孵化加速建筑空间设计以及3D制作等创业项目
5	跨媒体空间（Transmedia Zone）	跨行业数字媒体制作的创业想法和原型开发空间
6	社会投资空间（Social Ventures Zone）	培养积极可行的下一代社会变革者的孵化器
7	启动空间（Launch Zone）	学生希望探索创新创业的目的地
8	法律创新空间（Legal Innovation Zone）	希望改良加拿大法律制度现状的创业者合作空间
9	生物医药空间（Biomedical Zone）	位于圣米迦勒医院的生物医药和健康医疗初创企业孵化器
10	iBoost空间（iBoost Zone）	以客户为中心提供解决方案的学生科技创业加速器

九、加拿大高校创业教育生态系统总结

通过对上述四所大学的比较分析可以看出，基于本校传统工程教育的优势，四所大学逐渐形成了自身独特的创业教育模式（见表6.6）。

表6.6 加拿大四所大学的创业教育模式分类

大学 类别	多伦多大学	滑铁卢大学	麦克马斯特大学	瑞尔森大学
创业教育模式	"实体中心＋大楼＋课程"三合一模式	"合作导向"模式	"问题导向"模式	"实践导向"模式
创业教育基地	工程创新创业中心	康拉德商业创业技术中心	沃尔特·布斯工程实践学院	创新创业工程中心（CEIE）

续表

大学类别	多伦多大学	滑铁卢大学	麦克马斯特大学	瑞尔森大学
硕士学位项目	MEng 工程硕士（工程创业、领导、创新和技术）（ELITE）	商业创业技术硕士（MBET）	工程创业创新硕士（MEEI）技术创业创新硕士（MTEI）	创新创业工程硕士（MEIE）
企业孵化器	Hatchery 商业中心	速度之城	麦克马斯特创新园	空间学习
创业项目	创新创业小企业证书	合作实习	工程硕士项目结合专业工程师资格认证	工程实践

这四种创业教育模式包括五个核心要素：

（1）创业中心或创业学院作为校内的创新创业教育基地；

（2）在学科建设上，设立创新创业工程硕士学位项目；

（3）将高校的创新创业教育体系与社会的职业资格认证制度相结合；

（4）建立初创企业孵化器或加速器并积极与校外资源进行对接；

（5）针对真实的项目解决实际问题，教授学生如何结合市场进行技术创新创造、如何根据专业知识识别创业机会、如何完善创业计划吸引投资者关注。

图 6.8 四种创业教育模式的核心要素

从下面四所高校的雷达图分析中可以看出，尽管四种创业教育模式在五个核心要素的发展上侧重点不同（见图 6.8）。但毋庸置疑的是，加拿大高等工程教育已将商业敏锐度及创新创业教育融入工程教学之中。

加拿大高校创业教育的形成源于高校的自身发展，且与社会和市场需求紧密结合。早期，创业教育作为商学院设置的一门学科，使学生开始有机会接受系统的创业课程培训。随着工业、商业及服务业的快速发展，对创新创业人才的强烈需求，创业教育逐渐从商学院向外延伸，拓展至工程学院。随着创业课程不断得到完善，创业教育在高等教育机构中逐渐发展成一门系统的独立的学科。加拿大高校中出现的众多创业中心、孵化器、风险投资机构,以及社会创业生态系统的逐渐成熟,使创业教育成了加拿大高等教育机构中发展最为迅速的领域之一。

本 章 总 结

作为世界一流的研究型大学,尤其是在工程科学领域,斯坦福大学具有核心领导力的发展战略、加州大学伯克利分校强大坚实的科学研究基础、麻省理工学院广泛的产业联络等特点,体现了以商学院为主导的创业教育模式。多伦多大学"实体中心+大楼+课程"的三合一模式、滑铁卢大学对知识专利的保护及创业合作项目、麦克马斯特大学"问题导向"模式的创业教育以及与专业工程师资格认证的结合、瑞尔森大学以工程实践为导向的多元创业文化等特点,使得高等工程教育领域的创业教育极具特色。

北美高校创业教育生态系统的形成源于高校自身发展的结果,且与社会和市场需求紧密结合。早期,创业教育作为商学院设置的一门学科,使学生开始有机会接受系统的创业课程培训。随着北美工商业的快速发展,对创新创业人才的强烈需求,创业教育逐步从商学院向外延伸拓展到工程学院。随着创业课程不断得到完善,创业教育在高等教育机构中逐渐形成了一门系统的独立的学科。北美高校中出现的众多创业中心、孵化器组织、风险投资机构,以及社会创业生态系统的逐渐成熟,使创业教育成了北美高等教育机构中发展最为迅速的领域之一。

本章从"IEEE"模型的建构原则、核心要素以及基本特征的角度出发,对北美八所大学进行了案例分析。同时根据各个学校的发展历史及其教育特色,分别从不同侧面对其创业生态因子进行了剖析。案例分析表明,本研究所建构的具有"六个要素"的创业教育生态系统能够解释北美大学的创业教育实践。北美高校创业教育生态系统具有很强的平衡性和可持续发展性。一方面是因为其生态系统中各个生态因子的正常运转，使得创业教育的发展能主动适应社会需求；另一方面，创业生态环境的变化也促使创业教育系统中生态因子积极自我调整，最终使得创业教育生态系统健康有序发展。

第七章

总　　结

创业是"有风险的",主要是因为很少有所谓的创业者知道自己在做什么。

——彼得·德鲁克

Entrepreneurship is "risky" mainly because so few of the so-called entrepreneurs know what they are doing.

——Peter Drucker

本章首先对本研究的主要结论进行了总结，然后提出了政策建议。其次，指出了本研究的创新视角。最后，在分析了本研究中存在的不足之处后，提出了后续相关研究方向及展望。

一、研究结论

结论一："国际创业教育生态系统"（IEEE）模型包含一个中心点和六个核心要素，以"嵌入式双轮驱动"的形式共同推动创业教育生态系统的平衡发展。

一个中心点就是"以学生为中心"。双轮驱动就是"内嵌系统层"和"外部链接层"两个轮子相互协调、持续发力。六个核心要素包括：① 具备核心领导力的发展战略（Strategy）；② 架接产业桥梁的基础设施建设（Infrastructure）；③ 让创新创业插上资本的翅膀（Capital）；④ 保护知识产权的专利许可（Licensing）；⑤ 创新创业的学术基础（Academic）；⑥ 容忍失败的多元创业文化（Culture）。

六个要素各自独立又相互影响：具备核心领导力的发展战略为创业教育发展指引了方向，是系统稳定的前提保障；具有桥梁连接作用的基础设施建设，是系统中的协调枢纽；资本的力量则是创业者的助推器；只有通过加强知识产权保护，初创公司才能茁壮成长；学术基础是创业者的引擎，源源不断为其提供知识动力；而容忍失败、宽容叛逆的多元文化是创业之灵魂，赋予了创业者具有勇于冒险、接受挑战的创业特质。

结论二："国际创业教育生态系统"（IEEE）模型是以生态学理论的视角、基于扎根理论所建构，对高校创业教育实践具有通用性指导作用。

"国际创业教育生态系统"理论的建构来自实践，是一个"自下而上"的过程，即先从原始资料中寻找反映社会现象的核心概念，然后通过在这些概念之间建立起联系，最终上升到理论。现代管理学之父彼得·德鲁克

(1985)指出,关于创业精神的发展历史,没有比现代大学(尤其是现代美国大学)的创立与发展更好的教材了。因此,"国际创业教育生态系统"理论模型又通过对美国和加拿大两个国家八所大学进行解构和比较分析,验证了其理论模型的普适性,对创业教育实践具有通用性指导作用。

结论三:"国际创业教育生态系统"(IEEE)模型的建立遵循了企业家精神原则、教育属性原则、生态化原则和国际化原则。

创业教育不能单纯地理解为教授创业者如何去创立企业,其更深层的含义是培养创业者具备企业家精神,具备创造与创新的能力。创业教育除了能为创业者提供早期的基础教育和专业教育之外,更为重要的是能为创业者提供后期创业发展所需的一切要素,如激发创业者的新点子、商业计划书的撰写、市场开发及公司治理、天使投资及融资,以及后续发展战略等增值服务。因此,创业教育生态系统的建立须充分体现出这一完全符合创新创业行为需要的教育自然属性。创业教育在营造鼓励创新、容忍失败的多元文化共存的创业环境的同时,还应具备国际化视野。如此,才能大力推动创业教育的国际化发展,才能积极带动创业教育融入全球创新创业的网络之中,迎接全球性的挑战。

结论四:"国际创业教育生态系统"(IEEE)模型呈现出开放性、层次性、动态性的三个特征。

从生态学的角度看,创业教育生态系统是由若干个组成部分在特定的生态环境下,相互依存、共同发展的有机整体。因此,"IEEE"模型具有开放性、层次性、动态性。由于高等教育机构本身处于一个开放性的社会系统中,始终都与外部环境密切相连,并与环境相互作用,开放性使得其不断向更好地适应环境的方向发展变化。这体现出创业教育生态系统的多层次性。从微观层面看,高校内部行政系统、学术系统和服务支撑系统之间相互联系,互相提供发展的动力,构成了创业教育生态系统的微观生态。从宏观层面看,高等教育机构处于社会大系统之中,不仅要受到来自高校系统内部各种因素及其相互作用的影响,还要受到诸如社会需求、科技水平、经济条件等外部环境的制约。这决定了创业教育生态系统的多层次性。而创业教育生态系统的成长过程就是高校内外生态系统之间物质能量相互交换、不断动态平衡的过程。这显出创业教育生态系统的动态性。

在创业型经济环境下，高等教育机构为顺利开展实施创新创业教育，应积极建立"以学生为中心"的创业教育生态系统。基于以上主要结论，为建设高校创业教育生态系统，本研究提出如下政策建议：① 加强高等教育机构的组织领导力，积极实施以创业教育为中心的整体发展战略；② 加强以产业对接为目的的基础设施建设，保证创业教育与产业界的良性互动；③ 加大对智力资本的投入，改善风险投资结构，畅通初创公司投融资渠道；④ 优化教育资源组合，形成创业者多样化、多学科交叉的创业教育结构；⑤ 完善知识产权保护制度，真正实现"我的专利我做主"；⑥ 营造鼓励创新、容忍失败的多元文化共存的创新创业环境。

二、创新视角

第一，尝试提出一种新的理论模型。从前文论述中可以看到，伯顿·克拉克"三角协调模型"和亨利·埃茨科维兹"三螺旋模型"都是宏观模型，适合用于分析国家和区域的创业系统的总体性特征。由于这两个模型中所描述的要素过于概括，不适合用于微观分析，对于高校开展创业教育缺乏直接的指导价值。并且从本质上看，这两种模型都是基于国家—社会—大学三者主体间关系及权力的分析。在这些研究中，作为创业教育最重要的主体——学生被忽视了。

也有研究者提出了一些关于创业教育的微观模型，例如，基于区域的以产业集群和社区中心为研究对象的创业生态系统模型、基于大学的创业生态系统模型以及基于不同维度的跨校园创业教育模型。这些分析无疑都具有重要的理论价值，但这些模型的不足之处是其研究视角过于微观。这些模型对于分析某些特定的学校或某些具体的项目可能是适用的，但由于缺少国别分析和实例分析，故缺乏普遍解释力。

本研究试图破解宏观模型的"失之于宽"与微观模型"失之于窄"的局限性，建构起一个可以连接宏观与微观的中观模型。这一模型既可以抽象转化为宏观模型（例如进行国别比较），也可以具象转化为微观模型（例如进行院校比较）。本研究致力于建构的"IEEE"模型就是这样一种模型。

第二，引入一种新的研究视角。针对创业教育研究，本研究引入了生态学视角，将高等教育机构看作由生命有机体和利益相关者构成的。通过生态学视角的研究发现，创业教育生态环境是否可持续发展直接影响和制约着高等教育机构创业教育的发展。通过生态学视角的研究发现，完善成熟的创业教育生态系统具有开放性、层次性和动态性的特征。

第三，搜集新的数据材料。本研究另一个创新在于，通过对美国和加拿大八所大学进行的深度访谈和实地考察，获得了大量的最新的一手资料。本研究共进行了多次集中式深度访谈，核心访谈对象近百人。在参加国际学术会议期间，笔者实地调研考察了北美的硅谷、旧金山、西雅图、多伦多等地区，并对三十万字的原始资料（访谈内容、访谈者提供的文字信息、实地调研以及大学官方网站内容等）进行了整理分析，获取了有价值的信息，最终生成了本研究的观点。笔者对北美大学创业教育生态系统的研究，不仅对高等教育机构的创业教育模式进行了总结，而且还结合了商业领域创业生态的影响。这些大量翔实的数据材料为本研究理论模型的提出奠定了坚实的数据基础。

三、研究展望

创业教育研究目前还是一个比较新的研究领域，本研究在基于扎根理论的研究思路和方法上尝试做了些探索性的工作。尽管做出了一些创新性的努力，仍有一些不足待完善之处。本研究虽然选择了创业教育最具传统和特色的北美两个国家八所大学作为案例，对其进行深入阐释。但由于研究时间所限，没有能够覆盖更多的国家和院校，将来可以对一些应用型大学和欧洲国家，特别是对中国等新兴国家的情况开展进一步研究。

但有一点，笔者相信，创业教育虽然各具特色，但其特色的形成是在共同要素的结构和相互作用的基础上形成的。其最核心的问题在于从政策层面和操作层面要使共同要素之间发生化学作用，使之产生相互融合的化学反应，从而形成一个完整的创业教育生态系统。更为重要的是，这个生态系统要聚焦于创业教育的核心目的，即以学生为中心、培养学生的创新意识和创业能力。或换言之，为了全社会的共同发展培养具有胜任力的未来企业家，使之增进民众福祉、造福社会国家。而这也是大学通过创业教育直接服务社会的一个重要职能体现。

最后，笔者在此还是要重述德鲁克的那句名言："创业的奥秘是什么？它不是魔术，也并不神秘，它与基因无关。它是一门学科。而且，像任何一门学科一样，它是可以学会的。"（彼得·德鲁克，1985）。同时，笔者也想再次表明本研究反复论证的观点，即创业教育不是简单的教与学，而是要主动建构一个有利于创业教育的生态系统。

附录 A

《普林斯顿评论》2020 年度美国高校创业教育排行榜

《普林斯顿评论》(The Princeton Review) 和《创业家杂志》(Entrepreneur Magazine) 于 2019 年 11 月 12 日公布了第十四次年度美国高校创业教育排名——《Top15 本科学校创业教育》和《Top15 研究生院创业教育》。此项排名调查从美国 300 多所提供创业教育课程的学校收集数据，根据 2019 年 6 月至 9 月对提供创业教育的本科和研究生院管理人员的调查，对 40 多个数据点进行了统计分析。这项涉及 60 个问题的调查问卷主题包括：教师、学生和校友积极和成功地参与创业活动的百分比、创业研究的导师计划、奖学金和补助金的数量及范围，以及学校赞助的商业计划竞赛的支持程度等。学校名单详见表附录 A.1。

表附录 A.1 普林斯顿评论 2020 年度美国高校创业教育排行榜

	Top15 本科学校	Top15 研究生院
1	休斯敦大学 University of Houston	莱斯大学 Rice University
2	巴布森学院 Babson College	芝加哥大学 University of Chicago

附录 A 《普林斯顿评论》2020 年度美国高校创业教育排行榜

续表

	Top15 本科学校	Top15 研究生院
3	杨百翰大学 Brigham Young University	西北大学 Northwestern University
4	密歇根大学 University of Michigan	巴布森学院 Babson College
5	贝勒大学 Baylor University（TX）	密歇根大学 University of Michigan
6	圣路易斯华盛顿大学 Washington University in St. Louis	弗吉尼亚大学 University of Virginia
7	马里兰大学 University of Maryland	哥伦比亚大学 Columbia University
8	蒙特雷科技大学（墨西哥州） Tecnológico de Monterrey（Mexico）	南佛罗里达大学 University of South Florida
9	东北大学 Northeastern University	罗切斯特大学 University of Rochester
10	北卡罗来纳大学 University of North Carolina	东北大学 Northeastern University
11	迈阿密大学 Miami University（OH）	得克萨斯大学奥斯汀分校 The University of Texas at Austin
12	犹他大学 University of Utah	杨百翰大学 Brigham Young University（UT）
13	得克萨斯大学达拉斯分校 The University of Texas at Dallas	华盛顿大学 University of Washington
14	得克萨斯大学奥斯汀分校 The University of Texas at Austin	锡拉丘兹大学 Syracuse University
15	得克萨斯基督教大学 Texas Christian University	得克萨斯大学达拉斯分校 The University of Texas at Dallas

附录 B

《普林斯顿评论》2015年度美国高校创业教育排行榜

《普林斯顿评论》(The Princeton Review)和《创业家杂志》(Entrepreneur Magazine)于2015年11月10日公布了第十次年度美国高校创业教育排名——《Top25本科学校创业教育》和《Top25研究生院创业教育》。

此项调查时间是2015年5月至8月,调查问卷的60个问题涉及创业教育的课堂内外,对超过36个数据点进行了分析,以确定排名统计。涵盖的主题包括:师生比、校友积极参与创业活动的比例、创业导师及项目的数量、创业奖学金和助学金、支持学校举办商业大赛的级别等。有超过300所涉及创业教育的美国高校参加了此次调查,其中巴布森学院连续四年赢得了本科生创业项目的第一名,哈佛大学连续两年赢得了研究生创业项目的第一名。学校名单详见表附录B.1。

表附录B.1 普林斯顿评论2015年度美国高校创业教育排行榜

	Top25本科学校	Top25研究生院
1	巴布森学院 Babson College	哈佛大学 Harvard University

续表

	Top25 本科学校	Top25 研究生院
2	杨百翰大学 Brigham Young University（UT）	巴布森学院 Babson College
3	休斯敦大学 University of Houston	芝加哥大学 University of Chicago
4	贝勒大学 Baylor University	密歇根大学安娜堡分校 University of Michigan — Ann Arbor
5	东北大学 Northeastern University	西北大学 Northwestern University
6	纽约市立大学巴鲁克学院 City University of New York, Baruch College	莱斯大学 Rice University
7	密歇根大学安娜堡分校 University of Michigan — Ann Arbor	杨百翰大学 Brigham Young University（UT）
8	天普大学 Temple University	得克萨斯大学奥斯汀分校 The University of Texas at Austin
9	俄克拉何马大学 University of Oklahoma	纽约市立大学巴鲁克学院 City University of New York, Baruch College
10	马里兰大学 University of Maryland, College Park	天普大学 Temple University
11	迈阿密大学 Miami University（OH）	南佛罗里达大学 University of South Florida
12	德保罗大学 DePaul University	俄克拉何马大学 University of Oklahoma
13	锡拉丘兹大学 Syracuse University	弗吉尼亚大学 University of Virginia
14	洛约拉马利蒙特大学 Loyola Marymount University	北卡罗来纳大学教堂山分校 University of North Carolina at Chapel Hill
15	戴顿大学 University of Dayton	德保罗大学 DePaul University

附录 B 《普林斯顿评论》2015 年度美国高校创业教育排行榜

续表

	Top25 本科学校	Top25 研究生院
16	贝尔蒙特大学 Belmont University	华盛顿大学 University of Washington
17	克拉克森大学 Clarkson University	犹他大学 University of Utah
18	圣路易斯华盛顿大学 Washington University in St. Louis	马里兰大学 University of Maryland - College Park
19	华盛顿大学 University of Washington	圣路易斯大学 Saint Louis University
20	得克萨斯基督教大学 Texas Christian University	锡拉丘兹大学 Syracuse University
21	北卡罗来纳大学教堂山分校 University of North Carolina at Chapel Hill	圣路易斯华盛顿大学 Washington University in St. Louis
22	利哈伊大学 Lehigh University	罗切斯特大学 University of Rochester
23	蒙特雷理工学院（墨西哥州） Monterrey Institute of Technology（Mexico）	俄克拉何马州立大学 Oklahoma State University
24	犹他大学 University of Utah	亚利桑那大学 University of Arizona
25	亚利桑那大学 University of Arizona	哥伦比亚大学 Columbia University

后　　记

　　创新，是国家发展的不竭动力，是驱动经济增长的核心力量，创新创业型经济发展浪潮正席卷全球。创新创业概念的外延正在拓展，不仅影响社会经济增长，也成为高等教育发展的重要内容。"创业是可以教的"——这一观念已成为21世纪大学创新教育的重要组成部分；同时，也正在对转型期的中国高等教育发展产生深远影响。为此，本书以高校创新创业教育为主题，在梳理世界一流大学创新创业教育生态系统的基本特征、关键要素及其之间相互作用的基础上，围绕中国工程教育2035战略走向与政策选择，探讨工程教育能力建设及国际竞争力提升，探讨面向可持续发展的工程科技人才需求与教育改革，力图为构建一个全新的创业教育生态系统做出努力。

　　在此，衷心感谢国际工程教育中心（ICEE）和清华大学教育研究院对本研究的支持，特别是余寿文、谢维和、史静寰、李越、林健、李曼丽、钟周、阎琨、文雯、王传毅、乔伟峰等诸位教授及老师对本研究的关心和指导。

　　衷心感谢北京航空航天大学雷庆教授、马永红教授、赵世奎教授和首都师范大学王晓阳教授对本研究提出的宝贵意见。同时向所有提供支持与帮助的老师和同事们致以诚挚的感谢！

　　特别要感谢的是袁本涛教授。从本研究开始时对研究方向的选取，至书稿

后记

完结的整个审阅过程中,袁本涛教授都给予了悉心指导。令人痛心的是,袁本涛教授英年早逝,不幸于 2019 年 2 月离开了我们,享年 53 岁。袁本涛教授热爱教育事业,特别是在工程教育和学位与研究生教育领域倾注了他的毕生心血,他的深厚的学术根基、严谨的治学之道、谦和温厚的品格成为学生和同事的榜样。他数年如一日地忘我工作,兢兢业业,恪尽职守,直至最后。他把自己的全部智慧、学识和热情献给了祖国的教育事业,他给我们留下的是永远的敬重和怀念。

联合国教科文组织国际工程教育中心

清华大学教育研究院

徐立辉　王孙禺

2021 年 12 月于清华园

参考文献

郑重声明

高等教育出版社依法对本书享有专有出版权。任何未经许可的复制、销售行为均违反《中华人民共和国著作权法》，其行为人将承担相应的民事责任和行政责任；构成犯罪的，将被依法追究刑事责任。为了维护市场秩序，保护读者的合法权益，避免读者误用盗版书造成不良后果，我社将配合行政执法部门和司法机关对违法犯罪的单位和个人进行严厉打击。社会各界人士如发现上述侵权行为，希望及时举报，本社将奖励举报有功人员。

反盗版举报电话　　(010) 58581999　58582371　58582488
反盗版举报传真　　(010) 82086060
反盗版举报邮箱　　dd@hep.com.cn
通信地址　　北京市西城区德外大街4号
　　　　　　高等教育出版社法律事务与版权管理部
邮政编码　　100120